Dr. Alfred J. Bierach

Hinter der Maske: der Mensch

Dr. Alfred J. Bierach

Hinter der Maske: der Mensch

Durchschauen Sie Verstellung und Rollenspiel!

Ariston Verlag · Genf

CIP-Kurztitelaufnahme der Deutschen Bibliothek

BIERACH, ALFRED:
Hinter der Maske: der Mensch : durchschauen
Sie Verstellung u. Rollenspiel! / Alfred J. Bierach. –
Erstaufl. – Genf : Ariston Verlag, 1988
ISBN 3-7205-1483-8

Gestaltung des Schutzumschlages:
Atelier Höpfner-Thoma, GraphicDesign BDG, München

Gesamtherstellung: Carl Ueberreuter Druckerei Ges. m. b. H.,
Korneuburg bei Wien

Erstauflage: März 1988
Printed in Austria

ISBN 3-7205-1483-8

Inhalt

Einführung 7

1. Warum wir gern hinter Masken schauen 12
   Der Wunsch nach Überlegenheit 12
   Wer kann, wer soll, wer darf hinter Masken sehen? 14
   »Die ganze Welt ist eine Bühne« 15

2. Warum sich der Mensch verstellen muss 19
   Maskierung als Überlebensprinzip 19
   Der Mensch, das zivilisierte Raubtier 22
   Wenn die Pose zur Alltagswirklichkeit wird 31
   Wie man Signale richtig deutet 41
   Masken und Maskeraden 49
   Das Ich in den Augen der anderen 51

3. Masken und Maskeraden für den Machtkampf 61
   Masken der Selbsterhöhung 62
   Masken der Selbsterniedrigung 84
   Masken der Herabsetzungstendenz 87
   Masken der Erpressung 93
   Die Maskeraden der Macht 100

4. Die Masken der Liebe 107
   Masken des Wunsches nach Zärtlichkeit 107
   Masken zur Partnersuche 112
   Maskeraden für die Liebe 135

5. Menschen und Masken 148
Die Masken der Angst 148
Maskeraden, hinter denen sich Ängstliche verstecken 154
Der Wunsch nach Freiheit und seine Masken ... 159
Die Maskeraden der Nonkonformisten 164
Die Sucht nach Dominanz durch Leistung 168
Die Maskeraden des »lieben« und »netten« Menschen 173
Die Maskeraden des »guten« Menschen 176

6. Sprich, damit ich dich sehe! 179
Was Sprache und Wortwahl verraten 179

7. Wenn sich Masken und Maskeraden widersprechen 187
Von der Schwierigkeit, mit dem Körper zu lügen 187

8. Die nützlichen »sieben Todsünden« 203
Menschliche Masken – Tarnung für einen heilsamen Widerspruch 203

Einführung

Kennen Sie den venezianischen *Carnevale*? Sind Sie über den Markusplatz in Venedig gegangen, zwischen all den prunkvollen oder grotesken, phantastischen, farbenprächtigen oder komischen, lustigen, makabren, aber auch durchschnittlichen, ausgefallenen oder nur angedeuteten *Masken*? Und haben Sie sich gefragt: Wer steckt eigentlich hinter diesem herrlichen Kostüm, jener starren Fratze? Ein unbändig lebenslustiger Mensch, für den der Karneval der Höhepunkt des Jahres ist, oder ein nüchterner, schüchterner, der nur hinter der Maske aus sich herauszugehen vermag? Ein alter, ein junger, ein armer, ein reicher, ein traditionsbewußter oder ein auf Abwechslung begieriger Mensch?

Diese Frage drängt sich vordergründig angesichts von Masken im Karneval auf. Sind Sie sich aber im klaren, daß Sie sich das ganze Jahr über, tagein, tagaus, im Berufsleben und in Ihrer gesellschaftlichen Umgebung, im Arbeitsalltag und in der Privatsphäre durch ein solches Maskentreiben bewegen? Daß die Menschen, mit denen Sie es im Geschäftsleben und auf Behörden, im Urlaub, vor Gericht, im Krankenhaus, in einem Amüsierbetrieb – wo auch immer – zu tun haben, gar nicht *so* sind, wie sie sich geben?

Viele kluge Bücher, die Ihnen die unterschiedlichsten Wege zur *Menschenkenntnis* weisen – typologisch, systematisch, psychologisch, tiefenpsychologisch, intuitiv oder bloß empirisch –, versäumen es, die meines Erachtens wichtigste

Tatsache mit hinreichender Klarheit herauszustellen: daß jeder, fast jeder, dem wir begegnen, mit einer *Maske* vor seinem wahren Ich herumläuft, Absichten oder Mängel dahinter zu verbergen sucht, durch Verstellung sich gesellschaftlichen Normen anzupassen strebt, ein selbstgeschaffenes oder ausgeliehenes Image zu kultivieren trachtet, sich und anderen eine Rolle vorspielt – vielleicht weil er glaubt, echten oder vermeintlichen Erwartungen gerecht werden zu müssen – oder mit Posen und Attitüden sich selbst schmeicheln und anderen imponieren möchte.

Maske ist in der Psychologie die Bezeichnung für die dem menschlichen Rollenverhalten eigene Tendenz, durch einen (willkürlich) angenommenen Ausdruck die tatsächlichen Meinungen und Einstellungen anderen Menschen gegenüber zu verbergen. Ich werde Ihnen in diesem Buch die verschiedensten Formen menschlicher Masken, Maskierungen und Maskeraden vor Augen führen und Ihnen die ebenso unterschiedlichen Motivationen zu solcherlei Verstellungskünsten erläutern, damit Sie für die Mechanismen des großen Maskenreigens auf der Bühne des Lebens sensibel werden und lernen, dahinterzukommen – und ihn so zu sehen, wie er wirklich ist: *den Menschen hinter der Maske.*

Diese Mechanismen sind allerdings oft recht kompliziert, und um Sie nicht mit einem Überangebot an Theorie zu langweilen, werde ich in meinem Buch auf eine streng gegliederte Systematik verzichten und lieber vielerlei Hinweise, Anregungen, Beispiele und Denkanstöße um einige wenige Schwerpunkte locker gruppieren.

Ein paar grundsätzliche Überlegungen wollen Sie mir bitte dennoch gestatten, denn sie werden Ihnen bei der Orientierung im weiteren Verlauf des Buches nützlich sein. Sie sollten nicht immer davon ausgehen, daß der Mensch hinter der Maske ganz einfach das *Gegenteil* von dem sei, was er darzustellen versucht. Gewiß ist das häufig der Fall; trotzdem müssen Sie sich immer fragen, was das *Ziel* der Maskierung sein könnte: Kompensation von Schwächen, Nachteilen oder Mängeln, die man selbst hat oder zu haben glaubt? Vortäuschung von herausragenden Qualitäten, um sich selbst wichtig oder interessant zu machen? Oder statt dessen: Anpassung an ein Gruppen- oder Sozialverhalten, um ja nicht aufzufallen? Erfüllung eines Erwartungsdrucks, sei es in Form von Leistung oder von eifrigster Befolgung gesellschaftlicher Normen? Der Versuch, liebenswerter zu erscheinen, um Gegenliebe zu empfangen?

Ob die Maskierung absichtsvoll und zweckgerichtet erfolgt oder aber als unwillkürliche, ja unbewußte Reaktion – stets will sich der Mensch auf diesem Wege Vorteile verschaffen, will er Behagen gewinnen oder erhalten und Unbehagen vermeiden. Da kann der Schwache und Ängstliche eine Pose der Stärke und Selbstsicherheit einnehmen, um sein verletzbares Naturell zu kaschieren und Partnern wie Gegnern zu imponieren. Da kann umgekehrt der Durchsetzungsfähige und sich seiner Kräfte Bewußte effektvoll Unsicherheit, Schwäche und Hilflosigkeit vortäuschen, um die erwünschte Zuwendung – sei sie materieller oder seelischer Qualität – zu erhalten.

Ob jemand sein »Image« poliert, weil er ein »besonderes« Idealbild von sich selbst braucht, damit sein schlaffes Selbstvertrauen sich daran emporranken kann, oder ob er glaubt, sich aus Rücksicht auf die erdrückende Mehrheit den Zwängen der Konvention anpassen und bis zur Unkenntlichkeit uniformieren zu müssen – Attitüde und Mimikry sollen immer das gleiche bewirken: einen Vorteil verschaffen.

Abgesehen von wenigen sehr freien, autonomen oder aber despotischen Menschen – oder von den Ihnen ganz nahestehenden und vertrauten – können Sie in der Regel davon ausgehen, daß es sich bei der Art und Weise, wie andere Menschen sich nach außen darstellen, um Masken handelt. Folglich sollten Sie sich fragen:

- Wer – und was – steckt in Wirklichkeit dahinter?
- Welche Fehler oder Absichten sollen durch die Maske verborgen, welche Mängel kompensiert werden?
- Welcher Eindruck soll statt dessen vorgetäuscht, welche Wirkung erzielt werden? Übertreibung? Untertreibung?
- Welches Image wird hier hochstilisiert – und zu welchem Zweck: um andere zu beeindrucken oder das eigene Selbstbewußtsein zu stützen?
- Was bedeutet die Orientierung an Ideal- und Vorbildern, denen nachgeeifert wird?
- Bedeutet die Maske der Anpassung ein Untertauchen in Uniformität, Kollektivstreben aufgrund eines verkümmerten Selbstwertgefühls? Kumpanei, um akzeptiert, anerkannt, als dazugehörig empfunden zu werden? Oder Kapitulation aus Angst vor dem Druck der Mehrheit?
- Erfolgt die Maskierung absichtsvoll, auf Wirkung kalkuliert und zweckorientiert? Oder unwillkürlich, als unbewußt gesteuerte Reaktion?
- Welche Rückschlüsse erlaubt die Wahl dieser ganz bestimmten – und keiner anderen – Maske? Der Maskierte möchte dadurch ja eine typologische Zuordnung bewirken, also beispielsweise als Draufgänger oder belesener Intellektueller »einsortiert« werden.
- Welche Beweggründe haben unwillkürliche, unbewußte Maskierungen und Verstellungen? Anerzogenes Verhalten? Erwartungsdruck? Das Gefühl, einer Rolle entsprechen zu müssen? Selbstbetrug? Sichverstecken aus Angst und Unsicherheit? Anpassungsverhalten?

Wir lernen bereits als Kinder, daß uns bestimmte Rollen zugedacht sind und daß es besser ist, sich den entsprechenden Konventionen, Normen und Zielvorstellungen zu fügen. Also spielen wir mit, spielen wir unsere Rolle auf der Bühne des Lebens und mimen je nach Bedarf den eifrigen Schüler oder den mutigen Bäumekletterer, den zärtlichen Liebhaber oder den rigorosen Manager, den mildtätigen Mitmenschen oder den weltläufigen Playboy.

Gesellschaftliche Normen, Konventionen, Ideale, Erwartungshaltungen und Mehrheitsdruck, Gruppenverhalten und Wunschvorstellungen erzeugen Zwänge, auf die wir mit typus- und rollengerechtem Verhalten reagieren, uns Masken aufsetzen und Attitüden zulegen, den Führer oder den Jasager mimen, aus Angst und Unfreiheit in Perfektionismus flüchten, von der Maske zur Masche, von der Masche zur Selbsttäuschung, zur Lebenslüge.

Ein Leben ohne Masken wäre allerdings ebenso archaisch wie rabiat – eine unzivilisierte, langweilige Utopie. Lernen Sie also, mit den Masken der Menschen zu leben, lernen Sie die *Masken* zu durchschauen! Sie werden dem *Menschen* begegnen – und *sich selbst.*

1
Warum wir gern hinter Masken schauen

Der Wunsch nach Überlegenheit

Nicht wenigen Psychologen und Psychiatern wird nachgesagt, sie suchten lediglich, durch die Brille ihrer Fachwissenschaft ihre eigenen Probleme besser zu verstehen. Dieser Behauptung liegt eine durchaus zutreffende Beobachtung zugrunde. In andere Menschen hineinzuschauen ist so, als täte man selbst einen Blick in den Spiegel und gewänne neue Einsichten in das eigene Spiegelbild. Der Wunsch, Menschen zu durchschauen – was gleichbedeutend für den Wunsch steht, hinter die Masken der Menschen zu leuchten –, enspringt jedoch recht unterschiedlichen Motiven.

Da sind einmal die Vertreter jener Berufe, die davon leben, andere Menschen richtig einzuschätzen, um auf sie einwirken zu können: Ärzte, Psychologen, Vorgesetzte aller Art, Politiker, Rechtsanwälte, Gewerkschaftler, Werbeexperten und Kaufleute, Schauspieler, Entertainer, vielleicht auch jene Tür-zu-Tür-Händler, von denen es einige bewundernswert gut verstehen, auf einen Blick die Situation und die Kunden zu taxieren. Es kann sich ebensogut um einen bereits leicht angegrauten CASANOVA handeln, der seine durch ausreichende Erfahrung erworbenen psychologischen Kenntnisse dazu benützt, möglichst vielen Frauen den Kopf zu verdrehen.

Nicht wenige Menschen interessieren sich für psychologisches Wissen wie für die Regeln und Tricks eines Gesellschaftsspiels, das das Selbstwertgefühl zu erhöhen hilft. Da hat es einer verstanden zu verbreiten, er könne aus der Handschrift intellektuelle und charakterliche Eigenschaften herauslesen, – sogar auf einem Bierdeckel reichen ihm die Interessierten noch ihre Schriftzüge zu. Menschen analysieren zu können, das gilt als eine ähnlich erstrebenswerte Fähigkeit wie einige Fremdsprachen zu beherrschen oder perfekt Tennis zu spielen.

Diese Tatsache verführt nicht wenige »Psycho-Amateure« dazu, ihre Bekannten und Freunde zu analysieren – zumeist in deren Abwesenheit. Das verleiht den Ruf von Scharfsinn und in Gesellschaft vielleicht sogar eine dominierende Rolle, weil sich ja jeder der Anwesenden ein bißchen dieser vermeintlich scharf sezierenden analytischen Intelligenz ausgeliefert fühlt, die da in die letzten Falten einer Person hineinzuleuchten versteht. Und wer – Hand aufs Herz – hätte da nicht einiges zu verbergen?

Die Masken der Menschen zu durchschauen, bietet also für viele die Möglichkeit, im Schutz einer mehr oder weniger ausgeprägten Wissenschaftlichkeit zu imponieren, vielleicht sogar zu beherrschen, meist ungestraft Aggressionen loszuwerden – zumindest aber einem voyeuristischen Vergnügen zu frönen.

Sage ich nämlich, der Herr X sei ein Fiesling, riskiere ich harte Kritik, vielleicht sogar einen Prozeß. Kleide ich aber die gleiche Behauptung in psychologisches Fachvokabular, spricht einiges dafür, daß ich als Menschenkenner von überlegener Intelligenz eingestuft werde. Wer fragt sich schon, ob ich meine Ausführungen über Herrn X nicht deswegen veranstalte, weil ich diesen aus Neid, also aus Gefühlen minderer Güte, auf mein Niveau herabziehen muß?

Dabei ist es gleichgültig, ob es die schöneren Zähne des Herrn X, sein höherer Wuchs, sein besseres Einkommen oder sein durchschlagender Erfolg bei Frauen sind, die mich anstacheln, an ihm meine maskendurchschauenden Kenntnisse zu erproben.

In vielen Fällen steht also hinter der Absicht, andere zu demaskieren, wiederum auch nur eine Maske, nämlich die Maske der Überlegenheit oder aber die Maske wissenschaftlich-wichtigtuerischer Menschenbeurteilung, hinter der sich nichts als bösartige Kritik verbirgt. Da das Urteil durch Emotionen wesentlich beeinflußt wird, läuft ein solcher »Menschenkenner« Gefahr, auf diese Weise zu Resultaten zu gelangen, die noch wenig Bezug zur Realität haben.

Wer kann, wer soll, wer darf hinter Masken sehen?

Zur Zeit der großen Faschingsbälle trieb meist die Demaskierung um Mitternacht die Heiterkeit auf den Höhepunkt. Besonderen Beifall erhielten dann jene, denen es gelungen war, bis dahin unerkannt zu bleiben. Mag sich dieser Brauch auf dem Parkett der Ballsäle auch überlebt haben – auf dem Gebiet der menschlichen Masken gilt nach wie vor: Ein jeder verbirgt sich hinter seiner Maske, solange er irgend kann.

Doch welchen Sinn hat es andererseits, hinter Masken blicken zu wollen? Wie weit sollen ein Untergebener seinen Chef demaskieren, ein Vorgesetzter seinen Mitarbeiter, ein Liebender seine Geliebte, die Ehefrau ihren Mann, das Kind seine Eltern oder die Eltern ihr Kind?

Diese Frage ist sehr schnell beantwortet: Es gibt Menschen, die nicht umhin können, ihre Umgebung zu analysieren, also – wo immer möglich – zu demaskieren. Und es gibt andererseits Menschen, die gar nicht nach Klarheit forschen, sondern lieber ihre Illusionen pflegen und sich an ihnen vielleicht sogar berauschen. Sie brauchen Menschen und Ideen, die sie heiß lieben, tief verehren, beglückt bewundern dürfen. Es sind dies Menschen, die sich zwar nicht gegen die »Demaskierung« ihrer Idole wehren, *wenn* das Ergebnis ihren Erwartungen entspricht, – die aber plötzlich alle Menschenkenntnis über Bord werfen, kommt die Roßhaarfüllung ihrer Puppen zum Vorschein.

Die schärfsten Feinde der Demaskierung sind natürlich jene, denen sie schaden würde. Deswegen hat es zu allen Zeiten Zensur, Verbot der Redefreiheit, Indices librorum prohibitorum und sogenannte ungeschriebene Gesetze gegeben, nach denen es sich zum Beispiel nicht schickt, daß der Untergebene sich für die Einkünfte oder das Privatleben seines Chefs interessiert, wohingegen dieser alles versuchen darf, um möglichst viel über seine Mitarbeiter zu erfahren. Der Chef nimmt sich ganz selbstverständlich das Recht heraus, über den Bewerber ein graphologisches Gutachten einzuholen. Sehr schlecht aber stünde es um dessen Chancen, wenn es ihm einfiele, von seinem zukünftigen Vorgesetzten eine Schriftprobe zu erbitten, um bei einem Graphologen Aufschluß darüber zu erhalten, ob der für ihn so wichtige zukünftige Chef in charakterlicher, geistiger oder moralischer Hinsicht seinen Vorstellungen entspricht. Dabei ist diese unseren jetzigen Normen widersprechende Neugierde nichts als ein Wunsch nach Information.

»Die ganze Welt ist eine Bühne«

»All the world's a stage« heißt es bei WILLIAM SHAKESPEARE, dem größten dramatischen Genie aller Zeiten, in

Was ihr wollt: Die ganze Welt ist eine Bühne; und wir alle – fährt er fort –, Männer wie Frauen, sind lediglich die Schauspieler darauf. Wir schlüpfen in Rollen, agieren hinter Masken.

Alle Menschen sind Schauspieler. Der eine spielt aus Veranlagung, aus Neigung, aber manchmal auch aus Not den tragischen Helden oder den jugendlichen Liebhaber, die Gesellschaftsdame oder die komische Alte. Jeder hat sein eigenes, ihm gemäßes Rollenfach, aber alle haben eines gemeinsam: die gleiche Bühne und das Schauspielerlos. Natürlich kann der Philosoph ARTHUR SCHOPENHAUER diese alltägliche Schauspielerei, die er sehr wohl erkannt hat, nur durch seine pessimistische Brille sehen:

»Auf der Bühne spielt einer den Fürsten, ein anderer den Rat, ein dritter den Diener oder den Soldaten oder den General und so fort. Aber diese Unterschiede sind bloß im Äußeren vorhanden; im Innern, als Kern einer solchen Erscheinung, steckt bei allen dasselbe: ein armer Komödiant mit seiner Plage und Not. Im Leben ist es auch so: Die Unterschiede des Ranges und Reichtums geben jedem seine Rolle zu spielen; aber keineswegs entspricht dies innerer Verschiedenheit des Glücks und Behagens; sondern auch hier steckt in jedem derselbe arme Tropf...«

Schon sein »Kollege« PLATON bewies im alten Griechenland, daß wir die Idee, das Wirkliche hinter den Dingen, nicht zu erkennen vermögen. Was wir für Wirklichkeit halten, ist nur Schein, nur der »Schleier der Maya«. Die Sophisten des fünften und vierten Jahrhunderts vor Christus sahen gar in Sitte und Moral schlechthin nur eine Maske: damit nämlich sollten lediglich die Stärkeren, die Verwegeneren davon abgehalten werden, sich noch mehr Vorteile gegenüber ihren schwächeren Zeitgenossen zu erstreiten –

ein Gedanke, der auch bei FRIEDRICH NIETZSCHE immer wiederkehrt.

Auch die französischen Moralisten, allen voran LA ROCHEFOUCAULD, wurden nicht müde nachzuweisen, daß die von uns angegebenen Motive selten die wahrhaften Beweggründe unseres Handelns sind. Jeder Mensch strebt danach, in einem besseren Licht dazustehen, als er es verdient. Die Triebfeder ist die Eigenliebe, die uns Posen einnehmen läßt, die von Eitelkeit, Ehrgeiz, Neid und Mißtrauen, aber auch Selbstzufriedenheit bestimmt werden.

Einige von La Rochefoucaulds brillantesten *Maximen* lauten:

- Die Eigenliebe ist der größte aller Schmeichler.
- Die Eigenliebe ist geschickter als der geschickteste Weltmann.
- Der Eigennutz spricht alle Sprachen und spielt alle Arten von Rollen, selbst die des Uneigennützigen.
- Nichts ist seltener als die wahre Güte: Selbst diejenigen, die glauben, sie zu besitzen, haben gewöhnlich nur Selbstgefälligkeit und Schwäche.
- Was man Großzügigkeit nennt, ist meist nur die Eitelkeit, zu geben; etwas, das wir mehr lieben als das Geschenkte.
- Wir würden uns oft unserer schönsten Taten schämen, sähe die Welt die Motive.
- Es gibt eine Miene, die dem Gesicht und den Talenten jeder Person steht; man verliert stets, wenn man diese Miene aufgibt, um eine andere anzunehmen.
- Wir müssen die Miene erkennen, die uns natürlich ist, dürfen sie nicht aufgeben und müssen sie möglichst perfektionieren.

Der Philosoph BLAISE PASCAL behauptet gar: »Das Ich ist häßlich.« Kein Wunder, wenn der Mensch aus einer solchen Selbsteinschätzung heraus Gefahr läuft, »Engel oder Teufel« zu werden, was beides gleich gefährlich ist.

Für Thomas Hobbes hingegen ist der Mensch ein großer Egoist, der sich manchmal äußerlich altruistisch gibt, aber nur, weil dies ihm selber nützt. Ansonsten sei der Mensch des Menschen Wolf *(homo homini lupus)*. Moral sei nicht die Folge menschlicher Güte, sondern Eigeninteresses.

Karl Marx's »dialektischer Materialismus« setzte es sich zur Aufgabe, mit dem materialistischen Hammer den religiös-weltanschaulichen Überbau zu zertrümmern, mit dem seiner Ansicht nach die Reichen und Mächtigen ihre Herrschaft maskieren wollten.

Als Demaskierer stand Nietzsche Karl Marx nicht nach. Für ihn wurde die Frage »Wieviel Wahrheit erträgt ein Geist?« zum Kriterium des Philosophen. Und Nietzsche trug schwer an den erdrückendsten seiner »Wahrheiten«, so auch an der Behauptung, daß Religion nur Illusion sei und das Christentum mitsamt seiner Aufforderung zur Nächstenliebe nichts als die Folge eines Aufstandes von Sklavenseelen, die unfruchtbare Güte an die Stelle der Schöpferkraft des Starken setzten.

Sigmund Freud, der Begründer der Psychoanalyse, wiederum erkannte in den offiziellen Begründungen unseres Handelns nur wohlklingende Rechtfertigungen für das, was unser Unbewußtes eigentlich will. Und da die Wünsche des Unterbewußtseins oft gegen die herrschende Moral verstoßen, verdrängen wir sie und werden krank.

Ähnlich dachte Alfred Adler, zunächst Freuds Mitstreiter und dann dessen Gegner; nur daß er die Antriebskräfte unseres Handelns als Folge von Minderwertigkeitskomplexen deutete und nicht wie Freud in der Libido suchte.

2
Warum sich der Mensch verstellen muß

Maskierung als Überlebensprinzip

Der Wunsch, sich durch Masken unkenntlich zu machen und anders zu erscheinen, als man eigentlich ist, reicht bis in die Zeit unseres frühesten historischen Wissens über den Menschen zurück. So sind bereits menschliche Figuren in steinzeitlichen Wandmalereien maskiert. Den Grund hiefür – kultische Zwecke, Imponiergehabe, Drohgebärde – können wir nur ahnen.

Die erste pragmatische Begründung für die Verwendung echter Masken gaben die Griechen. Die Schauspieler der Antike bedeckten ihre Köpfe mit Masken aus bemalter Leinwand, in die Löcher für Augen und Mund geschnitten waren. Auf lateinisch heißt »die Stimme erschallen, durch die Maske hindurchtönen lassen« – *personare.* Das Substantiv *persona* bezeichnet sowohl die menschliche Persönlichkeit als auch die Bühnenrolle. Ist es nicht bezeichnend, daß die Person, die individuelle Substanz eines vernunftbegabten Wesens, schon in der Antike mit der Maske in Verbindung gebracht wurde?

Noch ein zweiter Gedanke weist in diese Richtung. Der Mensch ist das einzige Lebewesen, das lacht. Nun haben Verhaltensforscher herausgefunden, daß selbst unser verzeihungsheischendes Lächeln nichts anderes darstellt als ein auf Wirkung kalkuliertes Zähnefletschen. Also selbst eine so menschliche Regung wie das Lachen ist das Ergebnis einer jahrmillionenalten Maskierungstendenz.

Nun ist das Zähnefletschen als Angst- und Drohgebärde kein spezifisch menschlicher Gesichtsausdruck. Menschlich wurde er erst in jenem Augenblick, da ein findiger Kopf entdeckte, daß diese animalische Geste gegenüber den Artgenossen in bestimmten Situationen beschwichtigend wirkt, daß die Maske nützlich ist. Die ersten Hominiden brauchten diese Findigkeit, um zu überleben. Denn der Urmensch war viel langsamer als die Gazelle, schwächer als eine der großen Raubkatzen und besaß zudem nicht deren Gebiß. Ohne Hilfsmittel konnte er sich nicht in die Erde eingraben und dort Schutz suchen, und als Erdbewohner verfügte es auch nicht über die Kletterkunststücke seiner affenähnlichen Vorgänger.

Nur dadurch, daß er anfing, sein immer differenzierter arbeitendes Gehirn zu gebrauchen, konnte er sich seiner Feinde erwehren, konnte er sich ernähren. Sein Gehirn erlaubte ihm dann, seine Hände, die er nicht mehr zur Fortbewegung benötigte, hand-werklich zu verwenden und deren Geschicklichkeit nach und nach zu entwickeln. Eine Faust, eine Pranke, ein Gebiß, Krallen, eine hohe Geschwindigkeit können Waffen sein. Das Gehirn als Organ von etwa 1500 Gramm ist an sich keine Waffe. Solange der Mensch sich noch keine Waffen anfertigen konnte, diente ihm dieses Gehirn dennoch im Kampf ums Überleben vor allem dadurch, daß es ihm ermöglichte, sich immer neue Taktiken des Überlistens auszudenken. Dabei vervollkommneten die neuen Menschen, was noch ihr tierisches Erbe war. Auch manche Tiere wenden bei der Jagd bestimmte Taktiken an, so zum Beispiel, wenn ein Raubtierrudel eine Herde sprengt und einige zur Beute ausersehene Tiere absondert, um sie dann leichter schlagen zu können.

Der Begriff *List* ist untrennbar verbunden mit Verstellung, mit Heimlichkeit, mit Verstecken, mit Vortäuschen falscher Tatsachen. Als die Weißen Nordamerika entdeckten, stießen sie auf Wald- und Steppenvölker, die sich noch auf einer steinzeitlichen Entwicklungsstufe befanden. Diese Indianer beherrschten es aber hervorragend, ihre waffentechnische Unterlegenheit durch List, also durch Verstellung, zumindest teilweise wettzumachen.

Über Leben und Verhalten dieser steinzeitlichen Frühformen des Menschen wissen wir so gut wie nichts. Funde weisen jedoch darauf hin, daß sich menschliche Gewalt ausschließlich gegen Beutetiere, nicht aber gegen Artgenossen richtete. Erst mit dem Neolithikum, der Jungsteinzeit, finden sich Relikte, die nur als Kriegswaffen zu deuten sind. Ob die zunehmende Verbreitung der Art Revierkämpfe auslöste oder ob ein mutationsbedingter Bewußtseinswandel stattfand – wir wissen es nicht. Seitdem jedenfalls ist die menschliche Geschichte eine Folge von Gewalt, Mord und Totschlag.

Um das Zusammenleben dieser aggressiven Gattung zu ermöglichen, entwickelten sich bestimmte Hierarchien und Verhaltensrichtlinien, die den Frieden innerhalb der Horde sicherten und die Austragung von Konflikten regelten. Alle stehen unter einer Leitlinie: Was du nicht willst, daß man dir tu', das füg auch keinem andern zu!

Ähnliche Formen für den gleichen naturrechtlichen Inhalt sind: Ich gebe, damit du gibst. Ich verzichte auf etwas, damit du auf etwas verzichtest. Ich begehre nicht dein Hab und Gut, damit du meines auch nicht begehren mögest. Man arrangierte sich jedenfalls innerhalb der Sippe, des Stammes, des Volkes: JEAN JACQUES ROUSSEAUS *Contrat Social.*

Der Mensch, das zivilisierte Raubtier

Das Raubtier Mensch wurde also gezähmt. Es wurde damit aber nicht friedfertiger. Es blieb so aggressiv, wie dies genetisch bedingt ist, damit es gegen eine Unzahl von Feinden überleben kann. Übrigens, dieser Zähmungsprozeß setzte erst vor etwa fünf- bis zehntausend Jahren ein. Was sind aber schon zehntausend Jahre in einer Menschheitsentwicklung, die sich über Jahrmillionen erstreckt? In dieser relativ kurzen Zeit ist genetisch keine Änderung zu erwarten. Übertrieben formuliert: Der Mensch blieb das alte Raubtier, das sich nur mit List und Gewalt seiner Feinde erwehren kann.

Wiederum genetisch bedingt: Einige Exemplare dieser Menschen sind und waren stets aggressiver, stärker, gewandter in der Verfolgung ihrer Pläne als andere. Bei einigen schlugen und schlagen die Dompteurkunststücke nicht so erfolgreich an.

Der große Auftrag des Christentums bestand darin, die allen Menschen innewohnende Aggressivität durch das Postulat der unbedingten Nächstenliebe zu überwinden. Ein Blick in die Tageszeitung genügt, um uns zu überzeugen, daß dieser Versuch mißlungen ist. Und was wir heute einen »Verbrecher« nennen, ist sehr oft ein Mensch, der sich aus irgendeinem Grund in seinem ethischen Bewußtsein nicht zähmen, dessen Aggressivität sich nicht kanalisieren ließ. Was aber vor Jahrtausenden noch eine nützliche Tugend gewesen sein mochte, die sein Überleben und damit die Fortsetzung seiner Art garantierten, ist jetzt von der Gesellschaft mit Bann belegt. Heute muß er das, was er am besten kann, am liebsten tut, heimlich tun. Von Zeit zu Zeit gelingt es einem dieser Raubtiere gebliebenen und durch keinerlei Moral gezügelten Menschen, sich der konventionellen

Maske zu entledigen und sich auszuleben: Denken Sie an NERO, NAPOLEON, STALIN, MUSSOLINI, HITLER oder andere weniger bekannte Gewaltmenschen.

Die Massenerfolge von Kriminalromanen, Kriminalfilmen, von Horrorstreifen, von Kriegsdarstellungen und schließlich auch von Westernfilmen mit ihren unerläßlichen Schießereien und Zertrümmerungen von Einrichtungen deuten auch darauf hin, daß der Mensch nach wie vor Gewaltanwendung lustvoll erfährt, zwar leidlich gezähmt ist, seine aggressiven Triebe aber in Ersatzhandlungen ausleben will.

Es gibt natürlich auch Menschen, die sich von solch primitivem Ausdruck menschlicher Brutalität abwenden. Doch lasse man sich davon nicht täuschen. Sie wählen für ihre Aggressionen nur subtilere Formen, zum Beispiel die gesellschaftliche Gerüchteküche oder die bissige Komödie. Denn was ist die Grundsubstanz einer guten Komödie? Verstellung, Irreführung des Gegners, oft sogar des Partners, Betrug – nur eben unblutig dargestellt. Ob wir *Faust* oder *Wallenstein, Hamlet, Macbeth* oder eine der vielen Tragödien von CORNEILLE und RACINE betrachten: Betrug, Täuschung, Verheimlichung, Irreführung, Rache, Mord und Totschlag durchziehen die Handlung und werden dann so exemplarisch durchexerziert, daß der Zuschauer seine Aggression sozusagen stellvertretend abreagiert und »geläutert« nach Hause geht. Manchmal erlebt diese Läuterung allerdings nicht einmal den Nachhauseweg. Schon beim Empfang der Garderobe kommt bei vielen Theaterbesuchern der alte streitsüchtige Affe wieder durch, spätestens aber dann im Auto, wie ja Auto und Motorrad ideale Vehikel zum Abreagieren von Aggressionen darstellen. Eine Minute lang von einer Brücke auf eine stark befahrene Autobahn zu schauen, überzeugt in dieser Hinsicht nicht weniger als eine Sportschau mit Berichten über Fußball, Eishockey, Boxen – einschließlich der Reaktionen der Zuschauer darauf.

Die zivilisatorische Entwicklung hat erreicht, daß die Menschen sich die Erde untertan und zunutze machen, sich Ungelegenes aus dem Weg räumen, Schmerzen verhindern und, wenn sie trotzdem auftreten, sie durch Schmerzmittel zum Verschwinden zu bringen. Psychopharmaka, eine der letzten großen Entdeckungen, vermögen sogar den *Blick* für Unangenehmes zu trüben. Soweit wirkt unser Fortschritt aggressionsmindernd. Auf der anderen Seite stehen aggressionsfördernde Erscheinungen wie Streß und Brutalität der modernen Arbeitswelt, die Hektik im Straßenverkehr und sogar in der Freizeitgestaltung, die weltweit zunehmende Verstädterung.

Je enger beisammen wir wohnen, um so mehr Reibungsflächen ergeben sich, um so häufiger muß es zu Zusammenstößen kommen. Man stelle sich zwei Bauernjungen von zehn Jahren vor, die Haus und Hof unsicher machen, während ihre Eltern auf dem Feld arbeiten. Welche Fülle von Möglichkeiten, sich da auszutoben! Wenn die beiden nicht gerade den Hof anzünden oder den Traktor gegen einen Baum fahren, stören sie so schnell niemanden. Und nun zwei zehnjährige Jungen in einer kleinen Stadtwohnung. Jeder Schritt wird registriert. Ein Glas, das auf den Boden fällt, läßt einige Menschen im Haus zusammenzucken. Ein Schrei, ein Tritt mit dem Fuß gegen einen Ball oder eine leere Dose, ein unschuldiger Sprung kann eine Rebellion der Gestörten auslösen.

Auf eine Formel gebracht: psychologisch gesehen werden wir alle immer mehr zu Insassen von dünnwandigen Wohnungen, wollen uns dabei aber immer größere Freiheiten erlauben: Feste feiern, Musik machen, tanzen, den

Fernsehapparat nach Herzenslust aufdrehen, mit dem Auto kommen und wegfahren, wann wir wollen, Kinder, wenigstens die eigenen, sich austoben lassen (oder sollten Sie gar etwas gegen Kinder haben?) ...

Damit sich die Menschen in der zunehmenden Einengung ihres persönlichen Lebensbereiches nicht allzusehr auf die Nerven gehen, haben sie schon seit langer Zeit bestimmte Abkommen miteinander getroffen. So sagt mir die jeweils geltende Etikette, eine Art Vertrag über das richtige Benehmen und den angemessenen Umgang miteinander, wie ich mich zum Beispiel bei Tisch zu verhalten habe, damit ich meine Nachbarn nicht störe, etwa ihnen durch Kratzen mit der Gabel im Haar den Appetit verderbe. Die Etikette bestimmt auch, wer von zwei Personen als erster durch die Tür gehen darf. Wäre dies nicht geregelt, wollten vielleicht beide gleichzeitig zur Tür hinaus und würden einander im Türrahmen behindern. Es sei daran erinnert, daß in dem deutschsprachigen Nationalepos, dem *Nibelungenlied,* die Frage, ob Brunhilde oder Kriemhild als erste den Dom zu Worms betreten darf, letztlich zum Casus belli wurde, so wie sich die er ste große französische Tragödie um eine Ohrfeige dreht.

Um ein einigermaßen reibungsloses Zusammenleben der Menschen zu ermöglichen, wurden Normen, Etiketten (zu deutsch Ansteckzettelchen, die – im höfischen Gebrauch – sagen, was erlaubt und was verboten ist) geschaffen. Um nicht anzuecken und damit Schwierigkeiten zu bekommen, richtet sich der Mensch weitgehend danach. Die Strafen für die Nichtbeachtung der Normen fallen meist so schwer aus, daß es klüger ist, die Normen zu respektieren.

Bleiben wir für einen Augenblick bei den Tischsitten. Aus Unachtsamkeit oder Gier habe ich mir einen Löffel siedend heißer Suppe in den Mund geschoben. Mein Schmerzempfinden befiehlt mir, die Brühe auszuspucken, damit an meiner Mundschleimhaut kein Schaden entsteht. Aus Höflichkeit (weil man das bei »Hof« nicht gemacht hat) verbrenne ich mir aber lieber den Mund, als die heiße Suppe wieder in den Löffel rinnen zu lassen oder gar neben mich und meine Nachbarin auf den Boden zu spukken. Die Hausfrau hat mein inneres Ringen bemerkt, interpretiert es aber falsch, weswegen sie mich fragt, ob mir etwa ihre Suppe nicht schmecke. Nun muß ich auch noch sprechen. Also schlucke ich die kochende Brühe hinunter, hole tief Atem und stammle, daß diese Suppe ganz hervorragend schmecke und ich noch ganz selten so etwas Gutes genossen hätte.

Durch dieses Unglück sind meine Geschmacksnerven so geschädigt, daß ich das im nächsten Gang folgende Steak nicht mehr von einer Schuhsohle unterscheiden könnte. Aber irgendein Nerv in mir sagt mir doch, daß von dem Steak irgendeine Faser zwischen meinen Backenzähnen sitzt. Nur zu gern würde ich jetzt meine Finger in den Mund stecken und die Faser herausfischen. Aber vor all den Leuten, die freundlich meinen Ausführungen lauschen, wage ich dies nicht. Gelegentlich versuche ich, mit der verbrannten Zungenspitze gegen die Faser vorzugehen. Aber vergeblich. Inzwischen reizt die versalzene Sauce meine Schleimhäute in einem Maße, daß ich mir nur noch Abhilfe von einem kräftigen Schluck aus dem Weinglas versprechen kann. Indes, der Hausherr zeigt sich äußerst sparsam mit seiner ohnehin viel zu süßen Trockenbeerenauslese, so daß sich nur noch einige Tropfen davon in meinem Glas befinden. Das Glas meiner Nachbarin hingegen ist noch vollgefüllt. Sie ist ohnehin viel zu fett, wie sie mir selbst gestanden hat, als daß sie auch noch alkoholische Kalorien zu sich nehmen dürfte. Als gebildeter Mensch habe ich ihr natürlich widersprochen, ihre Figur gelobt und sie damit ermuntert, sich weiter hemmungslos vollzustopfen. Seitdem blüht sie mir gegenüber in fast beängstigender Weise auf, obwohl ich, denke ich an ihr Gewicht, nicht die mindeste Lust verspüre, auf ihr verstecktes Liebeswerben einzugehen. So interessiert mich an ihr eigentlich nur der Inhalt ihres Glases. Dennoch wage ich nicht, es zu ergreifen und auf mein Wohl auszutrinken.

Alles das wäre kein Problem, würde ich ganz allein zu Hause speisen. Ich könnte auf alle Masken wohltrainierten und gesitteten Umgangs verzichten und ungehindert tun, was meinen Bedürfnissen entspricht: die kochende Suppe ausspucken und warten, bis sie genießbar ist, die zähe Fleischfaser mit den Fingern aus den Zähnen holen, nach Lust und Laune zur Flasche greifen.

Ich könnte Ihnen Dutzende ähnlicher Szenen aus dem betrieblichen, politischen, medizinischen, pädagogischen, religiösen oder sonstigen Leben schildern. Aber darum geht es hier gar nicht. Ich wollte Ihnen nur zeigen, wie jeder von uns tagein, tagaus immer wieder in Situationen kommt, in denen er sich entgegen seiner Natur, seinem Wesen verhält, um bestimmte Normen zu berücksichtigen und zu beachten. In all diesen Situationen setzen wir Masken auf.

Als ich mir mit der heißen Suppe den Mund verbrannte, wagte ich nicht einmal zu gestehen, welch Unglück mir zugestoßen war. Nein, ich tat so, als hätte ich mich noch nie wohler gefühlt. Schlußfolgerung? Wir müssen sehr oft unsere Gefühle und unsere Empfindungen verleugnen. Wir gehen sogar so weit, das Gegenteil davon vorzuspielen.

Zurück zur geschilderten Szene: Die Etikette schreibt vor, daß ich mich besonders meiner Tischdame widme, in unserem Fall jener überaus korpulenten Frau, an der mich eigentlich nur ihr volles Weinglas interessiert. Mir aber gegenüber sitzt eine Frau zum Träumen. Meine spontane

Phantasie malt mir bereits in leuchtenden Farben aus, was ich mit jener Traumfrau erleben könnte. Aber erstens sitzt auch meine Frau irgendwo an dieser Tafel, und zweitens verlangt der Anstand, daß ich meiner rundlichen Nachbarin immer wieder versichere, sie habe eine phänomenale Figur. Würde ich offen gestehen, was ich viel lieber mit meinem Gegenüber anstellen möchte, wären alle am Tisch versammelten Menschen entrüstet und schockiert. Die Männer würden sich zwar denken: »Schau mal diesen Schlawiner an, der hat doch wirklich den Mut zu sagen, was ich mir schon lange denke!« Vielleicht würde auch die eine oder andere Frau denken: »Na endlich einer, der einmal offen auszusprechen wagt, was diese Schufte sonst nur in ihrer schmutzigen Phantasie ausbrüten!« Doch nein – »offiziell« gäbe es nur eins: Empörung!

Was ich hier geschildert habe, mag sehr vordergründig klingen. Neben dieser gesellschaftlichen Schauspielerei, dieser konventionsgerechten Maskerade, gibt es aber eine noch viel einschneidendere. Das bewußte Aufsetzen von Masken der Konvention ist karnevalistischer Firlefanz im Vergleich zu jenem Selbstbetrug, zu dem wir alle – ich betone: wir alle – gezwungen werden und uns selbst zwingen.

Ein möglichst reibungsloses Zusammenleben erfordert also die Maskierung spontaner menschlicher (ihrer Herkunft nach animalischer) Triebe, Gefühle, Empfindungen, Reaktionen. Das tun wir, um von den Mitmenschen, der Gesellschaft, nicht in Acht und Bann getan zu werden, also um nicht aus der Gemeinschaft ausgestoßen zu werden, was zu den härtesten Strafen zählt.

Ein weiteres Motiv für Verstellung und Maskierung kann der Aufenthalt in bestimmten Revieren sein. Will sich ein junger Mann in einem Industriebetrieb oder in einer Bank bewerben, muß er bestimmten Normen des Verhaltens genügen, ob ihm diese Normen nun liegen oder nicht. Er wird sich verstellen müssen, wenn ihm nicht bereits das übliche Verhalten in diesen Kreisen anerzogen worden ist, wie das Essen mit Messer und Gabel. Er wird die zu der Erwartungshaltung seiner möglichen Arbeitgeber passende Maske aufsetzen: selbstbewußt, mit Initiative – doch auch wieder nicht zuviel davon. Er wird beispielsweise kaum dem Abteilungsleiter sagen, was er denkt: »Na, Alter, so abgeschlafft, wie du wirkst – ich denke, in einem Jahr werde ich auf deinem Stuhl sitzen ...«

Bevor sich der journalistische Großdemaskierer GÜNTER WALLRAFF um eine Stelle in einer Redaktion der *Bild*-Zeitung bewarb, legte er sich eine perfekte Theatermaskierung zu – bis hin zu einer konservativ-effizienten Miene, wie man sie wohl im Springer-Verlag erwartete. Außerdem übte er einen Sprechstil ein, wie er von *Bild*-Redakteuren gepflegt wird. Prompt bekam er den Job. Die Folgen sind bekannt.

Anderen etwas vorzumachen, um damit bestimmte Vorteile zu erzielen – darum geht es ja, auf den einfachsten Nenner gebracht, bei all den Verstellungskünsten und Maskierungen, derer wir uns im Umgang miteinander fortwährend bedienen. Etwas vorgaukeln wollen wir Gaukler mit den vielfältigen Theatermasken unseren Mitmenschen, um Anerkennung, Liebe, Erfolg und andere Vorteile für uns herauszuholen. Anpassen wollen wir uns, uniformieren – äußerlich ebenso wie geistig – lassen wir uns, um mit dazugehören zu dürfen. Und schließlich spielen wir uns selbst etwas vor – um uns besser zu fühlen.

Dabei lassen sich die Individuen in zwei Großgruppen einteilen: Die Menschen der ersten Gruppe geben sich grundsätzlich so, wie sie sind oder zu sein glauben. Erst wenn sie ein bestimmtes Ziel anstreben, setzen sie sich eine

Maske auf, die ihnen helfen soll, dieses Ziel leichter zu erreichen. Die zweite Gruppe setzt sich aus Menschen zusammen, die sich eigentlich immer verstellen, weil sie ihr Gegenüber dadurch manipulieren wollen. Stellvertretend für diese soll LORD CHESTERFIELD stehen, dessen Maxime es war, jeden Menschen mit dem er zu tun hatte, so zu behandeln, daß er ihn sofort mögen müsse. Dieser Typus steht immer im Dienst an seinem Image – oder an seinem Vorteil. TALLEYRAND kleidete dieses Streben in die unsterblichen Worte: »Wir haben die Sprache, um unsere Gedanken zu verbergen.« Dieses Bonmot verrät, welch große Energie dieser französische Staatsmann auf seine eigene Maskierung und auf die Demaskierung seiner Umwelt verwandte.

Von Zeit zu Zeit muß sich jeder verstellen, mancher sogar sehr oft aus beruflichen Gründen: so etwa Ärzte, Anwälte, Politiker, Verkäufer, Makler oder Angehörige anderer Berufszweige, in denen Manipulation zum Geschäft gehört. Manche Menschen tragen ganz bewußt immer eine Maske – so wie sie nie ohne Hose auf die Straße gehen würden. Hiefür gibt es Gründe:

- Auch außerhalb der Theaterbranche agiert der »Schauspieler«, dem die Verstellung so großes Behagen bereitet, daß er stets eine Maske trägt. Sich zu verstellen, sich anders zu geben, als er ist, bereitet ihm offenbar Genuß, so wie es dem pathologischen Lügner Genuß bereitet, ohne Not die Unwahrheit zu sagen.
- Bestimmte Menschen glauben, immer und überall an ihrem Image arbeiten zu müssen. Sie werden so zu einem Artefakt, zu einem Kunstprodukt.
- Am häufigsten sind pragmatische Maskenträger, die sich je nach den Erfordernissen gegebener Situationen oder erstrebenswerter Ziele so verstellen, wie es opportun, erfolgversprechend und angenehm erscheint.

Wenn die Pose zur Alltagswirklichkeit wird

Wer nach Geltung strebt, gilt meist als eitel, gefallsüchtig, herrisch, eingebildet. Die Wirklichkeit sieht aber ganz anders aus

Genießt ein Tier in seinem Revier den Ruf, ein gefährlicher Bursche zu sein, gehen ihm die anderen gern aus dem Weg. Der stärkste Löwe in seinem Gebiet hat weniger Feinde als ein Schakal oder ein Hase. Im Kampf um Land und Weibchen wird der Starke weniger oft herausgefordert. Somit trägt er auch nicht so große Risiken, verletzt oder getötet zu werden. Wird das Futter knapp, können er und sein Anhang sich länger im Revier behaupten.

Wer unter den Menschen viel gilt, hat es im Lebenskampf leichter. Droht mir ein schwieriger Prozeß, gehe ich zu einem Rechtsanwalt, der den Ruf der Tüchtigkeit genießt. Andere machen es genauso, weswegen der angesehene Rechtsanwalt mehr Klienten haben wird als seine weniger angesehenen Kollegen. Nach möglichst viel Geltung zu streben, entspricht also einem recht einleuchtenden Sicherheitsbedürfnis.

Wird mein Geltungsbedürfnis respektiert, werde ich also anerkannt, empfinde ich Behagen. Lob, eine gute Beurteilung, ein Orden, ein Titel, Aufmerksamkeit für meine Worte, ein wohlwollender, ein ehrfurchtsvoller Blick spenden Behagen. Wir schätzen die Spender des Behagens. Wir versuchen, alles zu tun, um dieses Behagen nicht zu verlieren.

Jede Erfahrung, die meinen Anspruch auf Geltung in Zweifel zieht, verunsichert mich, deprimiert mich oder macht mich wütend. Sie bereitet mir Unbehagen. Ich tue alles, um diesem Unbehagen zu entgehen. Gelingt es mir nicht, kann mir am Ende eine Depression drohen. Alles, was mein Behagen erhöht, stärkt meinen Körper und meine Psyche. Alles, was mir Unbehagen bereitet, schwächt mich. Behagen ehöht meinen Elan, Unbehagen bremst mich bis zur Passivität.

Auch dem Streben nach Besitz liegt eine biologische Notwendigkeit zugrunde. Ein Tier, das überwintert, muß sich einen Vorrat anlegen für die Zeit, da es sein Hauptnahrungsmittel nicht mehr finden kann. Ein Tier, das kein Revier besitzt, besitzt auch keine gesicherte Ernährungsgrundlage. Natürlich hat sich im Laufe der Entwicklung des Menschen das Streben nach Besitz verändert. Viele Menschen wollen auch dann noch ihr Vermögen mehren, wenn durch Ansammeln von Reichtümern das Überleben von Individuum und Sippe bereits gesichert ist. Aber das ändert nichts daran, daß das Streben nach Besitz zu den Urtrieben gehört.

Wie ich Ihnen später noch an einigen menschlichen Strebungen oder Trieben zeigen werde, liegt deren ursprünglicher Sinn stets darin, das Individuum zu sichern und zur Stärkung seiner Leistungsfähigkeit anzuregen, damit es seinerseits zur Erhaltung seiner Art beitragen kann. So verliert auch unser Geschlechtstrieb nicht an Bedeutung für unser Leben, wenn wir ihn seines eigentlichen Zwecks, der Fortpflanzung, berauben. Ob mit oder ohne Verhütungsmittel – unsere Psyche und unser Körper reagieren immer gleich.

Von allen Motiven menschlichen Handelns ist das stärkste der Wunsch nach Sicherheit. Auch bei den meisten Tieren verhält es sich nicht anders. Der Philosoph JOSÉ ORTEGA Y GASSET bemerkte einmal, daß sich das Tier in freier Wildbahn wohl nie langweile, weil es entweder schläft oder mit seiner Sicherheit beschäftigt ist. Die Bedrohung der Sicherheit unterdrückt den Geschlechtstrieb und läßt es von der fettesten Weide fliehen. Nimmt das menschliche oder tierische Individuum aber den Kampf auf, dann nur, weil ihm entweder keine andere Wahl bleibt oder es sich vom Sieg eine Absicherung seiner Existenz verspricht. Fast überflüssig zu sagen, daß diese Entscheidungsprozesse oft auch für den Menschen unbewußt ablaufen.

Schon in unserer ersten Lebenszeit wird dieses Sicherheitsbedürfnis arg auf die Probe gestellt. Wir verbleiben ein ganzes Jahr lang in völliger Hilflosigkeit, das heißt Abhängigkeit. Wir können uns nicht selbst ernähren, wir können nicht gehen, wir können nicht zuschlagen, nicht beißen, nicht würgen. Jede hungrige Ratte könnte unser Ende bedeuten.

Wieviel und wie oft uns etwas in diesen ersten Lebensmonaten nicht paßt, wie unzufrieden wir mit unserer Situation sind, geben wir selber kund, indem wir schreien und protestieren gegen alles, das uns Mißbehagen bereitet.

Je älter das Kind wird, um so deutlicher wird ihm seine Abhängigkeit bewußt. Es mag sich oft fühlen wie ein Erwachsener, der unter Riesen geraten ist. Auch wenn sie meist gut zu ihm sind, denken sie nicht daran, ihm jeden Wunsch zu erfüllen. Ja, diese Riesen können gelegentlich sehr unangenehm werden. Sie fauchen einen dann an, drohen mit Schlägen und manchmal hauen sie auch zu. Und das Ärgste: wenn sie verärgert sind, besteht die Gefahr, daß sie gehen und einen in seiner ganzen Hilflosigkeit zurücklassen.

Diese Situation produziert verschiedene Reaktionen:

- Das Individuum wird täglich einige Male auf seine Unsicherheit, auf sein Ausgeliefertsein hingewiesen. Es fühlt sich alles andere als vollkommen, es fühlt sich seiner Umgebung gegenüber unterlegen; es möchte so schnell wie nur möglich aus dieser Lage herauskommen;

- es reagiert mit Geschrei und Trotz, wenn sein Versuch, eigene Wege zu gehen, verhindert wird;
- es probiert aber auch, sich mit seiner Umwelt durch Anpassung zu arrangieren;
- hat es sich einmal eine gewisse Stellung erkämpft (durch Betteln, Trotzen, Schreien, Simulieren von Krankheiten) ist es nicht mehr bereit, diese aufzugeben.

So weitet dieses Individuum nach und nach seinen Lebenskreis aus, wird immer selbständiger und ist dann mit fünf, sechs Jahren endlich so weit wie ein Hühnerkücken einige Minuten nach dem Verlassen der Eierschale.

Zunächst ganz unbewußt, dann später bewußt, hat das Kind gelernt, seine Mimik, seine Körpersprache, aber auch seine verbalen Fähigkeiten einzusetzen, um seine Ziele besser zu erreichen. Diese Möglichkeiten sind in ihm genetisch angelegt. Unser Körper und unsere Psyche sind so programmiert, daß wir lachen, weinen, schreien, wüten, kuschen, betteln, trotzen, verlangen und uns unterwerfen können. Wir müssen nur lernen, diese Fähigkeiten zu entdekken, einzuüben und dann herauszufinden, wann welche am zweckmäßigsten einzusetzen sind. Nur der Säugling trägt noch keine Maske.

Inzwischen haben wir aber auch gelernt, daß wir nicht immer ungestraft unsere wahren Empfindungen und Gefühle zeigen dürfen. Auch mit einer Lüge, also einer Darstellung, die nicht der Wirklichkeit entspricht, kommen wir oft weiter. Und vor allem eines: Da wir nie, nie wieder zurück in den Zustand der vollkommenen Abhängigkeit des Säuglings und des Babys wollen, müssen wir uns möglichst so benehmen, wie dies die Erwachsenen tun, allen voran der Vater, die Mutter oder eine andere Bezugsperson, die bisher von all den Leuten um uns herum am besten zu uns war und die offenbar alles das kann, was wir zwar auch können möchten, was uns aber noch nicht gelingt. Wir müssen vor allem lernen, jegliches Gefühl von Unsicherheit, Abhängigkeit, Hilflosigkeit oder Angst zu verbergen, sonst könnte einer der Großen auf die Idee kommen, uns zum Säugling zurückzudegradieren.

So sind wir bis zum Alter von vier, fünf Jahren bewußt und unbewußt schon beachtliche Schauspieler geworden. Bewußt und unbewußt – das heißt, wir wählen auch später im Leben entweder absichtsvoll und zweckgerichtet eine Maske, von der wir uns eine beabsichtigte Wirkung erhoffen; oder wir schlüpfen ganz unwillkürlich in eine bestimmte Rolle oder in einen der bekannten drei Ich-Zustände (Eltern-Ich, Erwachsenen-Ich, Kind-Ich), weil wir spontan auf eine Situation so reagieren: zum Selbstschutz, zur Anpassung, als Imponiergehabe. Auch diese unwillkürliche »Maskenwahl« ist psychologisch sehr aufschlußreich, ja demaskierend!

Eine Theateraufführung im Kindergarten oder ein Film, bei dem Kleinkinder mitspielen, zeigen uns das ganze Ausmaß, mit der wir in diesem Alter bereits unsere Gestik, Mimik und Sprache einsetzen können. Wir beherrschen schon das Aufsetzen der meisten Masken. Einige wenige müssen wir später noch hinzulernen, und zwar für Situationen, die für das Kind noch keine Bedeutung haben, so etwa die Masken für das erotische und sexuelle Spiel.

Diese normale Entwicklung kann durch verschiedene Umstände gebremst, auf Um- oder gar auf Irrwege geleitet werden. So können körperliche Defekte den natürlichen Wachstums- und Ablösungsprozeß stören.

Was viel zuwenig bedacht wird: Neben den angeborenen körperlichen Defekten gibt es auch geistige und psychische Defekte, die ein Mensch mit auf die Welt bringen kann. Warum sollten aber alle psychischen Komponenten, die eine Persönlichkeit ausmachen, immer in idealer Weise zusammenpassen? Warum kann hier nicht die Triebhaftigkeit größer sein als die Erkenntnisfähigkeit, dort der Schutz gegen äußere Einflüsse geringer, als ihn die äußeren Reize verlangen würden? Oder die Reaktionsfähigkeit langsamer als im Zeitalter der Überschallgeschwindigkeit und der Computer erforderlich?

Was aber im Urteil der Menschen geistige und psychische Fehlentwicklungen von körperlichen unterscheidet ist dies: Geistige und psychische Dyskrasien müssen schon sehr stark entwickelt sein, bevor ihnen die Gesellschaft mildernde Umstände einräumt. Werden einem Verbrecher von einem Richter aufgrund abartiger Veranlagung oder geistig-seelischer Defekte mildernde Umstände zugestanden, dann entrüstet sich immer noch ein Teil der Bevölkerung. Der Grund hierfür liegt wohl in folgendem: Jeder kann sehen oder sich vorstellen, welche Qual es sein muß, stark körperbehindert zu sein. Der Betroffene ist mit seiner Behinderung sichtbar geschlagen. Leidet dagegen ein Mensch unter einer charakterlichen oder geistigen Mißbildung, fällt es einem wesentlich schwerer, sich mit ihm zu identifizieren. Wird ein Familienmitglied schizophren und redet Widersprüchliches und Unzusammenhängendes, glauben alle Verwandten und Freunde, man könne und müsse ihm diesen Unsinn ausreden. Angehörige von Depressiven haben die allergrößten Schwierigkeiten, sich in die völlig veränderte Gemütsverfassung des seelisch Erkrankten hineinzudenken, und unternehmen oft »Heilungsversuche« mit aufmunternden Reden, übertriebenem Optimismus oder mit der Strenge, die nur bei einem notorischen Drückeberger angebracht wäre. Auch jemand, der zum Beispiel an übertriebenem Geltungsdrang leidet, »angibt«, in Gesellschaft das große Wort führt, andere herabsetzt und sonst noch alles mögliche tut, was andere als kränkend empfinden, stößt auf keinerlei Verständnis. Alle meinen: der Irre, der Traurige, der Aufschneider, der müßte doch eigentlich gar nicht so sein. Der könnte sich doch auch den Regeln des Zusammenlebens anpassen. Dem Geltungssüchtigen verübeln wir das Ausleben seines Drangs auch deshalb, weil er dabei offensichtlich Lust empfindet, also auf unsere Kosten genießt, während ein von Arthritis geplagter Mensch, der sich an seinem Stock dahinschleppt, in uns nicht den Eindruck erwecken kann, er tue dies zu seiner Freude. Wir haben Verständnis für körperliche Mißbildungen, aber wenig oder gar keines für charakterliche, geistige, seelische.

Eine weitere Komplikation kommt hinzu: Kein Mensch mit zwei verschieden langen Beinen wird leugnen, daß er hinkt. Viel psychisch-geistig Gestörte aber halten sich für völlig normal und die Normalen für gestört. Selbst AL CAPONE, einer der größten Verbrecher der amerikanischen Geschichte, fragte in aller Unschuld, welchen Schaden er der Gesellschaft denn zugefügt habe. Er habe doch lediglich Frauen, die auf den Strich gehen wollten, in Bordellen organisiert; Menschen, die gerne auf rennende Pferde wetten wollten, diesen Spaß vermittelt; einigen schlechtbezahlten Polizisten zu Nebenverdienst verholfen; ein paar unangenehme Typen der Unterwelt beseitigt...

Die dritte Störung einer normalen Entwicklung kann von der menschlichen Umgebung herrühren. Ein Zuwenig an Liebe und Zuwendung oder andererseits Barschheit, Härte, Schläge machen die Zeit der vollständigen Hilflosigkeit und Abhängigkeit zur Qual. Das Sicherheitsbedürfnis entwickelt sich überdimensional. Überdimensional werden aber auch das Gefühl der Minderwertigkeit und die Angst, zu kurz gekommen zu sein. In Abwandlung einer poetischen Zeile: »Wo ich nicht bin, da ist das Glück« – dieses

Gefühl läßt solche Menschen meist ein ganzes Leben lang nicht mehr los. Es ist auch der Grundtenor in den Äußerungen aller Neurotiker.

Anomal verläuft die Entwicklung aber auch, wenn ein Kleinkind verhätschelt wird. Es lernt dann nicht rechtzeitig, sich mit den unangenehmen Aspekten unserer Existenz abzufinden, wird später allen Widerständen aus dem Weg gehen wollen und durch Hilfskonstruktionen (notorische Lügenhaftigkeit, übertriebene Freundlichkeit, Liebdienerei) oder aber durch brutales Parasitentum seine Ziele zu erreichen suchen.

Der Tiefenpsychologe ALFRED ADLER wies als erster darauf hin, daß alle diese bewußt oder unbewußt erlebten Gefühle eines persönlichen Mankos nach Kompensation verlangen. Schon das Erfahrungswissen praktischer Menschenbeobachtung zeigt uns, daß sich kleingeratene Menschen strecken, um größer zu erscheinen, und zu Wichtigtuerei, ja Despotismus neigen können – und daß Großgewachsene (nicht nur wegen der Muskelschwäche des Asthenikers) gern einen Rundrücken machen, ja eher geduckt und schlaff »herumhängen«. So erweisen sich die Kompensationsvorgänge als Anpassungsbestrebungen, und der angestrebte Habitus erfüllt die Funktion einer Maske.

Bei einer vereinfachten Darstellung dieser Zusammenhänge kann leicht der Eindruck entstehen, als wäre bei diesen Entwicklungsvorgängen ein geheimnisvoller Mechaniker am Werk, der aus einem Materialkasten Gestänge, Schrauben, Scharniere entnimmt und sie zusammensetzt. »Wenn dieses Teil etwas schwach ausgefallen ist, dann muß ich wohl jenes stärker machen. Hier baue ich eine kleine Sicherheitsvorrichtung ein, und da lasse ich es auf Bruch ankommen ...«

Diese Entwicklung ist jedoch – aus der Sicht eines

Fremdbeobachters – eher mit der Bewegung eines Schwimmers vergleichbar. Man sieht aus der Ferne, daß dort jemand schwimmt, weil sich der Kopf auf der Wasserfläche bewegt. Man sieht auch, wohin der Schwimmer steuert. Das Wesentliche an der ganzen Fortbewegung spielt sich aber für den Betrachter verborgen unter der Wasseroberfläche ab.

Und der Selbstbeobachter? Er erlebt zwar die unterschiedlichsten Befindlichkeiten. Er kann sagen, ob er im Augenblick heiter oder traurig und ob ihm mehr zum Weinen oder zum Lachen ist. Ihm bleiben aber die Entwicklungstendenz und ihre Richtung verborgen. Vielleicht merkt er, daß er stets schlechter mit seinen Eltern, mit der Kindergärtnerin oder den Spielkameraden auskommt als andere. Aber er weiß nicht, warum. Er könnte auch nicht sagen, welche Instanz ihn dann zwingt, mit Trotz, mit Traurigkeit oder mit Werben auf diese Spannung zu reagieren. Wahrscheinlich wird er für sein Versagen den anderen die Schuld zuschieben.

Wie immer die Entwicklung verläuft, sie steht unter dem Diktat, das Behagen eines Sicherheitsgefühles zu suchen und das Unbehagen des Gefühls der Unsicherheit, der Gefahr, des Bedrohtseins zu meiden – und sich dabei von den anderen möglichst wenig in die Karten schauen zu lassen. Und maskiert als DON JUAN, als Charmeur, als furchterregender Tyrann oder als mustergültiger Erfüllungsgehilfe kann man in dieser Polarität, unter diesem Diktat jedwedes Manko leichter kompensieren.

Die Frage ist nur, welche Grundhaltung, welche Lebensleitlinie der Einzelmensch dabei zwangshaft einnehmen wird. Sich dann die passende Maske zusammenzubasteln, ist eine Kleinigkeit. Sein Organismus ist geschaffen, ihm alle Voraussetzungen dafür zu liefern.

Neben einer Verstellung als Schutzmechanismus oder als unbewußtes Erfolgsrezept wirken noch andere Triebfedern als unbewußter Zwang zur Maskerade: Hochbegabte, aber auch psychisch anfällige Menschen sind häufig von dem Gefühl durchdrungen, mehrere Personen in einer Person zu sein. Im schlimmsten Fall liegt Schizophrenie vor, während der mildere durch die Bürde gekennzeichnet ist, die die berühmten zwei Seelen in einer Brust bewirken. GOETHE hat sich sein Leben lang mit Masken, Maskeraden, Verwandlungen beschäftigt. Schon als Sechsjähriger bestach er durch die Szenen und Verwandlungen, die er seinen Spielkameraden im Kasperltheater vorzauberte. Bis ins hohe Alter benützte er Geburtstagsfeiern, Verlobungen, Hochzeiten und Staatsbesuche als Anlässe für Maskeraden.

Er ließ im zweiten Teil des *Faust* auch PROTEUS erscheinen und zeigte ihn als den wandlungsfähigen Meergott. Proteus aber steht auch für den wetterwendischen, den launenhaft veränderlichen Menschen. Goethe, der so viele Personen in einer Person beherbergte, verspürte immer wieder den Drang zur Verwandlung und konnte nacheinander Faust und Mephisto, Clavigo und dessen Freund Carlos, Tasso und Götz sein.

Goethes Verwandlungsfähigkeit entsprach wahrscheinlich seiner Überfülle an Gedanken und Gefühlen, während weniger Begnadete manchmal die Darstellung von mehreren Personen nur deswegen annehmen, weil sie die breite Palette ihrer Geistes- und Gefühlswelt anders nicht darstellen können. Da kann dann der bis 17 Uhr im Büro bukkelnde Subalterne im Klubheim seines Vereins den Supermanager und Kassentyrannen spielen und unter dem Einfluß des Alkohols gar zum Alleinunterhalter werden: Rollenverhalten!

Eine ständige Aufforderung zu häufig ganz unbewußter

Verstellung liefert die Ablehnung der menschlichen Animalität. Viele leiden unter unseren körperlichen Zwängen wie Nahrungsaufnahme, Verdauung und sexueller Erregung und Befriedigung und kompensieren dies durch die unterschiedlichsten Posen.

Die größten Verstellungskünstler sind jedoch jene, die – unbewußt – nur noch in Maskeraden leben können. Sie brauchen die Maske, um ihre Lebenslüge zu erhalten. Meist leiden sie an dieser Verstellung, nennen Krankheit, was unbewußte Verstellung ist, und können sich nicht oder nur mit großen Anstrengungen und Schmerzen von dieser Maske trennen, die ihnen bereits zur zweiten Haut geworden ist. Einige von ihnen bringen es sehr weit in der Gesellschaft, andere taumeln von Mißerfolg zu Mißerfolg. Viele beleben die Praxen der Ärzte, Psychotherapeuten, Psychologen, Heilpraktiker und Gesundbeter. Aber auch hinter der Maske des überlegenen Heilers, im Kostüm der weißen Kittel, in der Dekoration der klinischen Apparaturen verbirgt sich nur zu oft ein angstvoll-schwaches Naturell oder ein triebhaft-eigensüchtiger Charakter, der mit der Berufung zum Helfen nicht unbedingt harmoniert.

Wie man Signale richtig deutet

Stellen Sie sich bitte einen Wassertropfen voller Amöben unter einem Mikroskop vor. Nun bringen Sie an den Rand des Tropfens eine aggressive Säure. Was sehen Sie? Die Amöben bewegen sich mit Leibeskräften von dem sauren Milieu weg, weil es ihnen Unbehagen bereitet. Bis hinauf zum kompliziertesten Geschöpf, dem Menschen, sucht jedes Lebewesen dem Unbehagen zu entfliehen und Behagen zu finden.

Aus irgendwelchen Gründen fühlt Herr X sich wohl, wenn er im Rampenlicht steht, Zuhörer hat, Mittelpunkt ist, um seine Meinung gefragt wird. Allein schon der Gedanke, abseits zu stehen, Zuschauer statt Akteur zu sein, nichts zu sagen zu haben, nicht um seine Ansichten gefragt zu werden, verursacht ihm Unbehagen, vielleicht sogar Angst.

Ganz anders Herr Y. Er ist der geborene Beobachter, behält seine Meinungen für sich, scheut Verantwortung und fühlt sich weit weg vom Schuß am wohlsten. Allein die Vorstellung, einmal im Scheinwerferlicht stehen zu müssen, ist ihm ein Greuel. Jedes Wollen entsteht aus der Angst, das Gegenteil des Gewollten könnte eintreten:

Wunsch	*Angst*
Ich will Mittelpunkt sein.	Schlimm, wenn ich abseits stehen müßte!
Ich will passiv bleiben.	Hoffentlich erwartet man keine Aktivitäten von mir!
Ich will möglichst frei leben.	Ich muß aufpassen, daß mich niemand fesselt!
Ich will einem Menschen alles bedeuten.	Weh mir, wenn meinem Partner außer mir noch jemand anderer etwas bedeutet!
Ich will, daß man mich bewundert.	Ich wäre unglücklich, wenn man mich mißachten würde!
Meine Arbeit muß perfekt sein.	Ich hätte keine ruhige Minute, wenn meine Arbeit mangelhaft wäre!

Es spielt dabei keine Rolle, ob ein Mensch seine Wünsche und Ängste so scharf umreißen, ja überhaupt bewußt artikulieren kann. Die meisten dieser Reaktionen laufen im Unterbewußten ab. Das Bewußtsein ist günstigenfalls die sichtbare Spitze des Eisbergs. Die Richtung, in die der Eisberg treibt, wird bestimmt von den Strömungen, die auf die unsichtbaren Massen unter der Oberfläche einwirken. Angst zu zeigen, schwächt. Zu wissen, daß man in seiner Angst erkannt wird, vermehrt die Ängste, also jenes Unbehagen, das zu beseitigen jedem am Herzen liegt. Masken und Maskeraden sind probate Mittel, um Ängste zu verbergen.

Eine Anzahl unserer Wünsche können wir ungetarnt zu erkennen geben. Einige von ihnen sind sogar geeignet, unser Ansehen zu erhöhen, zum Beispiel unser Wunsch nach Gerechtigkeit, Bescheidenheit, Leistung, vielleicht sogar Perfektion. Andere Wünsche sind tabuisiert. Kaum einer besitzt die Unverfrorenheit oder Unklugheit zu gestehen: »Ich bin herrschsüchtig. Ich will, daß ihr alle nach meiner Pfeife tanzt.« Niemand wird zugeben, daß er launenhaft ist und damit rücksichtslos in seinem Umfeld jenes Unbehagen erzeugt, dem die anderen entfliehen wollen, indem sie die Wünsche des Launenhaften erfüllen. Deswegen setzen sich tabuisierte Wünsche Masken auf!

Doch auch wenn sich mehrere Menschen die gleiche Maske aufsetzen, steckt doch jedesmal ein anderes Gesicht dahinter. Ein und dieselbe Maske ist also multikausal; es stecken verschiedene Motive dahinter. Ein Beispiel:

Herr A fährt einen sehr teuren und sehr exklusiven Wagen vom Autotyp *Z 1000.* Er handelt als Verkäufer mit diesen Autos und benützt seinen Wagen als fahrende Reklame. Man würde ja an seinen Fähigkeiten zweifeln, gäbe er sich mit einem einfacheren Modell zufrieden.

B weiß, daß viele seiner Kunden ihn nach seinem Auto einschätzen. Da er viele Kunden mit dem Wagen besucht, leistet er sich das Modell *Z 1000*, obwohl er sich darin gar nicht so wohl fühlt, denkt er nur an die Kosten.

Herr C benützt seinen *Z 1000* nur für Sonntagsfahrten. Nach langer finanzieller Durststrecke erbte er ein kleines Vermögen. Nun endlich kann er zeigen, was er sich leisten kann.

Herr D gibt wenig auf Äußerlichkeiten, stellt aber höchste Ansprüche an technische Qualität und Zuverlässigkeit. Er ist ein Autokenner und -liebhaber. Deshalb kaufte er den *Z 1000*, obwohl er sich damit eigentlich finanziell übernimmt.

Herr E ist klein, unscheinbar, beleibt und glatzköpfig. Zu seinem Kummer hat er wenig Erfolg bei Frauen. Mit dem *Z 1000* hofft er allerdings, erheblich mehr Eindruck zu machen ...

Ein anderes Beispiel:

Sie lernen eine kokette Frau kennen, sie ist um die Vierzig, seit zwei Jahren geschieden, hat eine erwachsene Tochter, ist Inhaberin einer Boutique, die ihr ein angenehmes Leben ermöglicht. Die Frau sieht gut aus, ist nicht dumm und flirtet viel, ohne sich zu binden. Immer wieder schreckt sie aber vor einer erotischen und sexuellen Bindung zurück. Wenn Sie die einzelnen Bemerkungen über *Koketterie* in diesem Buch zusammensuchen, stoßen sie auf folgende Motive, die dahinterstehen können:

○ Erproben der Macht	Vielleicht hat sie eine Ehe hinter sich, in der sie sich unterdrückt fühlte. Nun will sie sich beweisen, daß sie »auch wer ist«.

○ Angst vor dem Alleinsein, vor dem Alter; Angst, Kontakte zu verlieren, keinen Partner zu haben	Sie weiß, gutes Aussehen und Flirten sind ihre stärksten Waffen. Also setzt sie diese verstärkt gegen ihre Ängste ein.
○ Sicherheitsbedürfnis	Dieses Sicherheitsbedürfnis ist nur die Kehrseite der Medaille Angst: Ich muß unbedingt sicher sein, daß ich nie allein und ohne möglichen Partner dastehe.
○ Bedürfnis nach Zuwendung	Ich brauche Menschen, die sich um mich kümmern, die sich für mich interessieren, die sich mir zuwenden.
○ Wunsch nach Selbständigkeit	Nach den Fesseln meiner Ehe will ich mich nicht mehr binden.
○ Bindungsschwäche (Liebe ist vergänglich; ich will kein zweites Mal enttäuscht werden; ich müßte zuviel von mir aufgeben)	Ist vielleicht die erste Ehe bereits wegen ihrer Bindungsschwäche in die Brüche gegangen?
○ Streben nach Emanzipation	Ein Gemisch verschiedener Motive.
○ Mangelndes Interesse an Heterosexualität	Viele Frauen sind latente Lesbierinnen, nur – die meisten wissen es nicht oder wollen es nicht zugeben.

O Snobismus	Wenn ich mit meinem nächsten Freund oder Partner auftrete, muß meinen Verwandten und Bekannten die Luft wegbleiben. Unter meinen jetzigen Verehrern befindet sich keiner von solchen Qualitäten.
O Finanzielle Berechnung	Durch die nächste Bindung will ich für immer ausgesorgt haben.

Welche von diesen zehn Strebungen treiben nun unsere Probandin zur Koketterie? Was steckt also hinter der Maske? Die Antwort auf diese Frage wird um so schwerer, als diese Frau nicht nur anderen etwas vormacht, sondern auch sich selbst, weil sie sich, wie jeder Mensch, nicht genau kennt (es gibt keine schwierigere Forderung als das »Erkenne dich selbst!«). So könnte sie trotz ihres gutgehenden Geschäftes unter finanziellen Zukunftsängsten leiden und sich nur oder vorwiegend aus finanzieller Berechnung binden wollen, also so lange mit Männern herumflirten, bis der erhoffte reiche Bewerber anbeißt. Masken wären leicht zu durchschauen, gäbe es ein Verfahren, das uns erlaubte, von einem Dutzend Möglichkeiten zuverlässig die richtige zu bestimmen.

Masken durchschauen ist wie Krankheiten diagnostizieren. Herr X zum Beispiel hat seit einigen Wochen Schmerzen im Lendenbereich. Orthopädisch faßbare Ursachen? Und wenn, welche? Internistische Diagnosemöglichkeiten: Nieren, Harnleiter, Prostata? Psychisch: larvierte Depression, berufliche oder andere Schwierigkeiten?

Nach und nach schließen Arzt und Psychologe aus, das

heißt, sie legen Vermutungen zur Seite, für die nichts oder sehr wenig spricht. Das macht im übrigen auch der Computer, in den der Arzt seine Beobachtungsergebnisse einspeist. Der Rechner spuckt dann von den vielleicht fünfundzwanzig möglichen Ursachen für Kreuz- und Lendenschmerzen drei aus, die nun fallspezifisch vom Arzt abgeklärt werden müssen.

Auch in der Psychologie kommen wir ohne gezielte, systematisch fortschreitende Fragen und scharfe Beobachtung nicht weiter. Psychologen beobachten also und erfahren aus anderen Quellen: Die Probandin (von der zuvor die Rede war) strahlt Energie aus (Gangart, Gestik, Mimik, Augen, Wortwahl, Artikulation, Lautstärke). Sie dominierte in ihrer Ehe und ließ sich scheiden, weil ihr Mann, ein Außendienstmitarbeiter, beruflich nicht aggressiv genug war, um überdurchschnittliche Erfolge zu erzielen. »Im Bett« habe es aber ausgezeichnet geklappt. Sie hatte nur keine Lust mehr, für Mann und Tochter und Geschäft dazusein.

Was können wir in diesem Fall – natürlich nicht mit absoluter Sicherheit – als Leitmotive des Handelns ausschließen? – Zunächst einmal:

- Erproben ihrer Macht: Die Probandin scheint in dieser Hinsicht nicht verunsichert zu sein.
- Mangelndes Interesse an Heterosexualität: Sie sucht vorwiegend Männer- und nicht Frauengesellschaft.
- Starkes Bedürfnis nach Zuwendung: Die Bindungen zur Tochter und zu allen Bekannten sind eher locker. Sie kann tagelang allein sein.

Ist ihr Leitmotiv also der Wunsch nach mehr Selbständigkeit in Kombination mit einer Bindungsschwäche?

Wir erfahren noch: Die Männer ihrer beiden Schwestern

sind beruflich sehr erfolgreich. Es bestehen Spannungen zwischen der Probandin und ihren zwei Schwestern, die »Geld wie Heu« haben und angeben »wie zehn nackte Neger«. Wie steht es nun mit Snobismus und finanzieller Berechnung?

Wir beobachten weiter, daß die Probandin auch mit Männern kokettiert, die wahrscheinlich gern mit ihr schlafen, aber sie nie heiraten würden, weil sie gar nicht an Ehescheidung denken. Ferner wendet sie ihre Aufmerksamkeit auch Männern zu, die das Prestigebedürfnis der Probandin ihren zwei Schwestern gegenüber nicht befriedigen würden.

Was bleibt nun?

Immer stärker scheint sich der Wunsch nach Selbständigkeit und Angst vor Langeweile, Vergessenwerden, nachlassender Beachtung herauszukristallisieren, dazu die Tendenz, mit Männern »in Übung zu bleiben«, aber sich – vorläufig – an keinen zu binden. Daß die Probandin ihre Chancen bei Ehemännern vor deren Frauen so ungehemmt ausspielt, mag einen emanzipatorischen Zug aufweisen: »Da seht mal, ihr Frauen, wie dumm ihr seid (und – natürlich – um wieviel klüger ich bin): Wie könnt ihr euch nur diesen miesen Typen fügen, die selbst vor euren Augen zugeben, daß ihnen eine andere lieber wäre!«

Als ich vor Jahrzehnten das Sprichwort eines nordamerikanischen Indianerstammes las: »Du mußt mit einem Menschen erst einen Zentner Salz gegessen haben, bevor du ihn kennst«, da schmunzelte ich. Heute weiß ich, daß mein Schmunzeln überheblich war. Erleben wir nicht mit Bekannten und Freunden immer wieder Überraschungen, auch wenn wir sie schon seit Jahren gut zu kennen glauben? Aber vielleicht salzen wir zu sehr und verbrauchen deshalb unseren Zentner zu schnell …

Masken und Maskeraden

Masken sind Signale der Persönlichkeit, sie sind aber auch Symbole. Nie und nirgends ist Gott als junger Luftikus dargestellt worden, Grausamkeit als freundlich lächelnder Greis, Güte als zähnefletschendes Ungeheuer, Mut als gekrümmtes Männchen oder Mütterlichkeit als sexuell aufreizende Person.

Der Psychologe CARL GUSTAV JUNG nennt diese Signale von Begriffen *Archetypen,* vererbte Urbilder, Urvorstellungen, die genetisch überkommen und allen Menschen gemeinsam sind. Sie seien Ausfluß des kollektiven Unbewußten. Die Sprache des Unbewußten ist eine Bildersprache. Diese Bildersprache setzt also unsere Urvorstellungen in personifizierte oder symbolische Bilder um, so etwa den »lieben Gott« als alten Mann mit langem, weißem Bart oder aber das Göttliche als Dreieck, als Auge Gottes.

Auch wenn wir kein Wort von dem verstehen, das auf einer chinesischen, japanischen oder indischen Bühne gesprochen wird, so erkennen wir sehr bald, welche Rolle die einzelne Person spielt. Wir erkennen dies an der Maske des Schauspielers und an ihrer symbolhaltigen Aussagekraft, wir erschließen es uns aber auch aus der Reaktion der anderen auf ihn. So werden auch Pantomime und Stummfilm meist mühelos verstanden. Noch viel leichter tun wir uns natürlich, wenn uns das Geschehen in einer uns verständlichen Sprache interpretiert wird.

Zu allen Zeiten haben Schauspieler oder ganz allgemein Darsteller, also Menschen, die eine bestimmte Rolle gestalten, sich neben der Maske auch noch einer gewissen Maskerade im Sinn von Verkleidung und Kostümierung bedient. Drückt zum Beispiel die Maske Hochmut aus, so kann die Maskerade die näheren Umstände darstellen: den

Hochmut des asketischen Priesters, den Hochmut des Königs, den Hochmut des Erfolgreichen.

Diese Definition ist für das Erkennen der Menschen von Bedeutung. Die Maske ist Ausdrucksmittel der Grundeinstellung; die Maskerade interpretiert die näheren Umstände. Ein Beispiel: Schmuck soll den Menschen verschönern. Der Maskerade Schmuck kommt aber jeweils eine andere Bedeutung zu, wird sie beispielsweise kombiniert mit der Maske »erotische Eroberung«, mit der Maske »Prestige« oder mit der Maske »Selbstbescheidung«.

Es wäre verwunderlich, würden sich die Menschen nicht auch in der Auswahl von Masken und Maskeraden vergreifen. So möchte der eine gern die Maske »Diplomat« tragen, wirkt aber – weil er ihr nicht gewachsen ist, weil er sie nicht ausfüllen kann – ganz einfach lächerlich. Schon vor mehr als zweitausend Jahren sagte ein Grieche zu einem Zeitgenossen, der sich Maske und Maskerade des selbstgenügsamen Philosophen angelegt hatte: »Noch aus den Löchern deiner Lumpen schaut die Eitelkeit.«

Masken durchschauen zu wollen kann dann besonders schwer werden, wenn das Maskentragen zur Pflicht wird: bei dem Arzt, der den selbstsicheren Könner spielen muß, aber sich seiner Hilflosigkeit wohl bewußt ist; bei dem skrupulösen Priester, der streng nach den Vorschriften seiner Konfession lebt, sich aber trotzdem sündiger fühlt als ein Zuhälter; bei dem Millionär, der am Verarmungskomplex leidet, aber aus Geschäftsgründen das Keep-smiling wahren muß.

Noch einfacher: Wer seine Kinder in der Maske und Maskerade des Nikolaus beeindrucken will, wird sich neben der Verkleidung auch eine andere Art zu Sprechen zulegen. Er wird die Stimme verstellen und andere Worte wählen als in der Alltagssprache. Als Nikolaus aufzutreten ist Maske. Wie man seinen Nikolaus gestaltet, ist Maskerade.

Das Ich in den Augen der anderen

Im alten Rom stellten Familien die Wachsmasken der Gesichter ihrer Toten im Atrium auf und bezeichneten diese Ahnenbilder mit dem Wort *imago.* Und noch heute steht der Begriff »Imago« für das Leitbild, das man aus der Vorstellung von einer anderen Person gewinnt. Das aus dem Englischen neuerdings abgeleitete *Image* ist das Vorstellungsbild von einer Einzelperson, einer Gruppe, einem Produkt, einer Firma und natürlich auch das eigene »Image« als hochstilisiertes, gepflegtes Persönlichkeitsbild.

Das Image einer Person ist die Darstellung des Ichs, wie es anderen erscheint oder erscheinen soll. Die Persönlichkeit hinter dem Image kann natürlich ganz anders sein, und meist ist sie es auch. Ein Mensch hat zumeist nicht nur *ein* Image, sondern verschiedene. Es gibt kein Image an sich, sondern ein Image von jemandem für jemanden. In der Wechselwirkung von Mensch zu Mensch ist jeder gleichermaßen Sender und Empfänger. Es wirkt nicht nur jeder auf jeden anderen anders, es benimmt sich auch jeder jedem anderen gegenüber anders. Selbst konstante Ausdrucksformen wie Gehen, Stehen, Lachen und das äußere Erscheinungsbild eines Menschen wirken auf jeden anderen anders.

Entscheidend für das Image ist die Erwartung, die wir auf die betreffende Person richten. Wenn ich von jemandem etwas erwarte, dann wünsche ich insgeheim, daß dieser sich meinen Erwartungen gemäß verhalten wird, und ich empfinde Unbehagen, spielt er eine andere Rolle, als ich sie ihm aufgrund seiner Bedeutung in einem bestimmten sozialen Zusammenhang einräume. Wer sein Image erfahren und notfalls verändern will, muß also die Rollenerwartungen kennen, die man an ihn stellt.

Eine Zeitlang glaubten Millionen Deutsche, daß ADOLF HITLER sie »aus ihrer tiefsten Not« retten werde. JOHN F. KENNEDY verstand es, die Nordamerikaner davon zu überzeugen, daß er sie zum »Ende des Regenbogens« führen könne – eine Idee, mit der er die Nation für sich gewann, weil sie sich in einer Sackgasse fühlte. RONALD REAGAN, LECH WALESA, Papst JOHANNES PAUL II. wirken so stark auf die Massen, weil sie die von ihnen erwarteten Rollen gut spielen, dem Image, mit dem sie Hoffnungen weckten, entsprechen.

Charisma, zu deutsch die Gnade außerordentlicher Gaben oder Berufung, hat, wer über die Kraft besonderer persönlicher Ausstrahlung, über magische Fähigkeiten, persönlichen Kontakt zu Gott (über Offenbarungen und Prophezeiungen), Heldenmut, Macht des Geistes und der Rede verfügt. Reinste Typen charismatischer Macht und Ausstrahlung sind der Prophet, der Held, der große Demagoge, schrieb der Soziologe MAX WEBER. Und er fuhr fort: »Wenn er von seinem Gott verlassen oder seiner Heldenkraft oder des Glaubens der Massen an seine Führerqualität beraubt ist, fällt seine Herrschaft dahin.«

Der charismatische Führer muß sich ständig bewähren durch Wunder, Erfolge und durch Vorteile für seine Gefolgschaft. Wichtige Qualitäten von Charisma sind folgende Eigenschaften, die bereits den Philosophen des Mittelalters bekannt waren:

Majestas: Auftreten als Herrscher in Verbindung mit geisti-

ger Überlegenheit und der Fähigkeit, diese geistige Überlegenheit als Redner zu beweisen;
energicum: Charisma präsentiert sich mitreißend, kraftvoll, zwingend, feurig; ein Charismatiker strahlt ungewöhnliche Kräfte aus;
fascinans: charismatische Fähigkeiten bezaubern, verzaubern, locken, ohne daß sich der Träger solcher Eigenschaften um das Wohlwollen seiner Gefolgschaft besonders bemühen würde; seine größte charismatische Wirkung erzielte der Premierminister WINSTON CHURCHILL im Zweiten Weltkrieg, als er den Briten »nichts als Blut, Schweiß und Tränen« versprach;
mirum: Mirum ist das Besondere, Fremdartige, Wunderbare, das den mit Charisma gesegneten Menschen charakterisiert;
tremendum: der Charismatiker ist »anders als die anderen«; ihn umgibt der Hauch des Unheimlichen, wenn nicht gar des Schaurigen;
sanctum: nur solange ein Führer unantastbar und integer ist, werden ihm charismatische Fähigkeiten zugeschrieben.

Diese Ingredenzien des Charismas lassen sich bei jeder überwältigenden Führergestalt der Weltgeschichte von ALEXANDER DEM GROSSEN über den Demagogen KLEON, den Kreuzzugpropagandisten BERNHARD VON CLAIRVAUX, den Bußprediger GIROLANIO SAVONAROLA, den Wunderheiler RASPUTIN bis zu dem Massenmörder ADOLF HITLER feststellen. Greifen wir einen der größten Charismatiker heraus, NAPOLEON BONAPARTE, und legen wir das Maß des Charismas an einen Tag, da sein Stern strahlender leuchtete als bei seiner Krönung zum Kaiser der Franzosen.

Man stelle sich einen Mann von sechsundzwanzig Jahren vor, lächerlich klein für einen Offizier, mager, von krankhafter gelblicher Gesichtsfarbe und unsicher in der Sprache, der er sich täglich bedienen muß, weil diese nicht seine Muttersprache ist. Und genau dieser junge Offizier, noch dazu an Krätze kränkelnd, ein Theoretiker ohne Kriegserfahrung, sollte trotz seiner Jugend die französische Armee in Italien übernehmen: eine Armee in verzweifeltem Zustand. Folgendermaßen charakterisierte der französische General LASSALLE die Lage: »Es war kein Brot da, kein Schuhwerk, kein Geld, keine Verwaltung.« Im Stab des Generals MASSENA fehlte es an Papier für die Tagesbefehle. Nach den Erinnerungen des französischen Schriftstellers STENDHAL trugen zwei Leutnants abwechselnd dieselbe Hose. Ein kranker General von sechsundzwanzig Jahren übernimmt also diese »Bettlerbande«, und General ist er auch nur deshalb geworden, weil ihn ein hoher Politiker weit entfernt von Paris wissen wollte, da er sich lebhaft und erfolgreich für dessen Frau interessierte.

Der neuernannte Oberbefehlshaber über diese Lumpenarmee trifft in Italien ein und beordert seine Generale, alte, kriegserfahrene Haudegen, ins Hauptquartier. Napoleon läßt sie zunächst warten. »Die machen sich wohl lustig über uns, wie? Einen Bengel schicken sie uns her, der uns kommandieren soll«, murren die Generale. Dann tritt Napoleon auf. Ohne ein Wort der Begrüßung, der Erklärung, der Rechtfertigung spricht er in knappster Form General um General an und erteilt ihm Befehle. Mit dem »unerträglichen Glanz geschmolzenen Metalls« in den Augen blickt er seine Offiziere an. Einer der verwegensten unter ihnen, General AUGEREAU, der schon während der Blutbäder der Revolution nicht zimperlich war, gesteht hinterher: »Dieser kleine General, dieser Hundesohn, hat mir Angst eingejagt. Ich kann mir das Gefühl, das mich beim ersten Blick auf ihn fertigmachte, selbst nicht erklären.«

Ein anderer General verrät nach Napoleons erstem Auftritt: »Wenn ich nicht die Existenz Gottes leugnen würde, müßte ich sagen, ich habe den lieben Gott gesehen.«

Zwei Wochen später schreibt Napoleon in einem Tagesbefehl an die Armee: »Ihr habt in zwei Wochen sechs Siege erfochten ... Es fehlte euch an allem, ihr habt alles wettgemacht ... Ich danke euch, Soldaten ... Aber ihr habt noch nichts getan im Vergleich zu dem, was euch noch zu tun bleibt!«

Analysieren wir die Situation. Dieser »Hundesohn« Napoleon tritt mit seinen sechsundzwanzig Jahren auf »wie der liebe Gott«. Er verfügt also über Majestas. Er präsentiert sich kraftvoll zwingend. In einem um diese Zeit verfaßten Brief schreibt er: »Die Welt schwand unter mir dahin, als flöge ich durch die Luft« – das ist Ausdruck von Energicum. Er zwingt seine Gefolgschaft durch Fascinans in seine Gewalt. Ihn umgibt das Besondere, das Fremdartige (Mirum). Er spricht das Französisch eines Ausländers, er ist von Krankheit ausgemergelt und leichenblaß. Die Bedeutung des Außergewöhnlichen für die Imagebildung sehr wohl erkennend, sagte er später einmal: »Jesus Christus wäre kein Gott, hätte er nicht den Kreuzestod erlitten.« Napoleon ist anders als die anderen, er hat etwas Unheimliches an sich, er läßt einen alten Atheisten sogar an den lieben Gott denken (Tremendum). Und schließlich ist er unantastbar (Sanctum). Er tritt als jugendlicher Kriegsgott auf, steht über dem Verdacht der persönlichen Bereicherung und der Korruption.

Nicht daß er später als Kaiser die Massen fasziniert hat, versetzt uns in so großes Erstaunen, sondern daß ihm dies als unbekanntem General geglückt ist. »Damals war er ein Held, heute ist er nur Kaiser«, sagte einer seiner Getreuen, als Napoleon im Zenit seiner Macht stand.

Als Kaiser freilich verfügte Napoleon über einen *Nimbus.* Nimbus als »Heiligenschein« ist schon in der Spätantike bei der Darstellung von Göttern und Herren anzutreffen. Der Begriff bedeutet die Weihe und die Würde, welche das Amt verleiht. Hätte der jetzige Papst noch als Bischof von Krakau die Vereinigten Staaten von Amerika besucht, einige tausend Katholiken, vorwiegend polnischer Abstammung, wären sicherlich zu seinen Messen gekommen. Der Nimbus des Papstes aber zog Millionen an und macht jede normale Regung des Menschen KAROL WOYTILA zu einer Sensation.

Menschen mit einem wirkungsvollen Image entsprechen also den sozialpsychologischen Erwartungen, die ihre Anhänger an sie stellen, und sie versuchen – bewußt oder unbewußt –, diesen Erwartungen gerecht zu werden. Sie unterdrücken alles, was nicht in das Bild, das Image, paßt, und überhöhen alles, was die genannten sozialpsychologischen Erwartungen nährt und mit dem Image übereinstimmt.

Imagebewußte Menschen »senden« immer, sobald sie das richtige Publikum in der Nähe wissen; große Charismatiker sind »immer im Dienst«, von ihrem »Dämon« angetrieben. Lassen sie sich für kurze Zeit gehen und benehmen sie sich wie gewöhnliche Sterbliche – überschlagen sich sofort ihre Anhänger vor Begeisterung darüber, wie »menschlich«, wie »leutselig«, wie »charmant« ihre Idole doch sein können! Beachten Sie aber auch, durch welche Mechanismen die besondere Wirkung und Ausstrahlung charismatischer Menschen zustande kommt. Bekanntlich verfügen nicht nur jene hier als Beispiele angeführten Großen der Weltgeschichte über jenes Charisma; Sie werden auch im täglichen Leben immer Menschen begegnen, von denen eine bezwingende, selbstverständlich wirkende Intensität ausgeht. Wenn sie beispielsweise einen Raum betreten, teilt sich ihre Gegenwart spürbar jedem der dort Anwesenden mit. Denken Sie auch an das Beispiel Napoleons und nutzen Sie die gewonnenen Einsichten, um auch charismatische Menschen nüchtern und sachlich durchschauen zu können – und nun vielleicht auch deren »Verhaltensrezepte« in Ihren eigenen Dienst zu stellen: Stimme, Blick, Bewegungen, selbstgewisse Sicherheit des Auftretens ...

Starke Imageträger verbergen sich auch häufig hinter Masken, sie müssen dies tun. Es darf keinen müden, keinen verzweifelten »Führer« geben, keinen zerstreuten, unaufmerksamen Papst, keinen Gewerkschaftsboß als Playboy und keinen ratlosen Vorstandssprecher. Der Imageträger läßt sich nicht erwischen, wenn er die Hosen herabgelassen hat, weil er weiß: »Niemand ist ein Held vor seinem Kammerdiener.«

Auch weniger bedeutende Imageträger legen sich Masken zu, wie sie soeben charakterisiert worden sind, Masken des »Energicum«, »Fascinans«, »Mirum«, »Tremendum« und »Sanctum«. Andere sind schon zufrieden, wenn sie »ein bißchen anders sind als die anderen«, zum Beispiel eine Baskenmütze statt eines Hutes tragen, eine Fliege statt einer Krawatte, an einer Pfeife ziehen, eine bestimmte Whisky- und eine exklusive Automarke bevorzugen oder nur in handgemachte Schuhe steigen. Und sie pflegen dieses Image – vom Schnurrbart bis zum englischen Tweedsakko – liebevoll in allen Details.

Beim Image handelt es sich vielfach auch um die Berufsmaske, die von den Anhängern des Imageträgers erwartet wird. Kein Arzt darf pfeifend und Schultern schwingend ans Bett eines Schwerkranken treten. Wehe dem Politiker, der nicht seinem Wahlvolk seine ganze Aufmerksamkeit schenkte oder ihm gar zu verstehen gäbe, daß er den größten Teil seiner Zuhörer für viel zu dumm hält, als daß dieser von volkswirtschaftlichen, monetären oder außenpolitischen Fragen etwas verstehen könnte. Ein Priester kann unmöglich während des Gottesdienstes am Altar gähnen. Gähnt dagegen der zwölfjährige Ministrant, schmunzelt die ganze Pfarrei. Das Poltern und Schnauben eines Gewerkschaftssekretärs will den Kollegen suggerieren, wie sehr ihm ihre Probleme am Herzen liegen. Manchmal läßt sich sogar ein Klient von seinem Rechtsanwalt beeindrucken, der dem Richter ordentlich seine Meinung sagt. Dabei übersieht er völlig, daß schon mancher Klient eine höhere Strafe erhalten hat, weil es sein Rechtsanwalt nicht verstand, den Richter bei Laune zu halten.

Wer die Masken eines Berufsimages durchschauen will, muß sich folgende Fragen stellen:

1. Welche Rollenerwartung bringen die Interessierten dem Imageträger entgegen? Welche Erwartungen muß er also klugerweise erfüllen?
2. Wen will er für sich gewinnen?
3. Was darf er unter keinen Umständen sagen oder tun? Was wird er also notfalls verschweigen, verbergen, überspielen?
4. Wirkt sein Tonfall ehrlich? Vielleicht schließen Sie für einige Sekunden die Augen und hören auf nichts als auf den Tonfall.
5. Stimmt seine Körpersprache mit der Sprache seiner Mimik und dem Inhalt seiner Worte überein?
   Drehen Sie gelegentlich – zu Studienzwecken – am Fernsehapparat den Ton weg und beobachten Sie einige Minuten lang nur das Erscheinungsbild eines Politikers, eines Gewerkschaftlers, eines hohen Geistlichen oder

eines anderen Prominenten, der sich profilieren will und muß.

Dabei werden Sie immer wieder Beobachtungen wie die folgenden machen:

- Da steht einer lässig-selbstsicher hinter dem Rednerpult und hält sich mit einer Hand krampfhaft daran fest.
- Da produziert sich einer triumphierend vor der Kamera und nestelt immer wieder an Krawatte und Anzug herum, um zu ertasten, daß ja alles an ihm in Ordnung ist.
- Da erhebt einer leidenschaftlich die Stimme und keucht ins Mikrophon: »Schon immer kämpft unsere Partei für ...« Er stockt, kann nicht auswendig sagen, wofür seine Partei schon immer gekämpft hat, und muß ausgerechnet an dieser entscheidenden Stelle auf seine Notizen schauen.
- Da spricht einer leidenschaftlich und hat eine Hand in der Hosen- oder Sakkotasche.
- Da sehen Sie einem interviewten Prominenten an, daß er bereits die Antwort weiß, bevor noch der Reporter seine Frage zu Ende gesprochen hat: der Arrogante, der auf alles eine vorformulierte Antwort weiß.
- Da ist der Nichtssager, dessen lange Rede sich in einem einzigen Satz wiedergeben ließe.
- Da ist der Schönredner, der Ihnen ein Kleidungsstück zuerst als elegant anpreist und dann nach ihrem Hinweis, daß Sie an Sportlichem interessiert seien, dasselbe auch ungemein sportlich findet.
- Da ist der Rechtsanwalt, der Ihnen fast immer rät, den Prozeß zu führen, weil Sie ihn höchstwahrscheinlich gewinnen werden – ein Verhalten, das einen französischen

Bauern auf einen guten Gedanken brachte: Er erzählte seinem Advokaten den Fall, und als dieser von einer bombensicheren Erfolgsaussicht sprach, winkte der Rechtsuchende ab. Erstaunt fragte der Anwalt nach dem Grund. Darauf der Bauer: »Ich habe Ihnen den Hergang aus der Sicht meines Gegners geschildert. Also werden wir den Prozeß ganz sicher verlieren.«

Diese Hinweise – die weder vollständig noch systematisch sein können – sollten Sie dazu anregen, mit wacheren Sinnen hochstilisierte Images zu durchschauen, Masken und Maskierungen als solche zu erkennen und hinter sie zu sehen, und der bezwingenden Anziehungskraft charismatischer Naturen nicht unkritisch auf den Leim zu gehen. Erkennen Sie die Nöte, Wünsche und Strebungen der *Menschen* hinter Verstellung und Rollenspiel, und betrachten Sie die so gewonnenen Einsichten als Beiträge zur Erweiterung Ihrer Menschenkenntnis.

3
Masken und Maskeraden für den Machtkampf

»Alles, was der Mensch tut, strebt nach Machtgewinnung«, schrieb der Individualpsychologe ALFRED ADLER, und den Bescheidenen sagte FRIEDRICH NIETZSCHE: »Wer sich erniedrigt, will erhöht werden.«

Die Ausübung von Macht ist ein naturgewollter Trieb. Bei sehr vielen in der freien Natur lebenden Tieren benützt der Stärkste seine Macht, Nebenbuhler von seinen brünftigen Weibchen abzuhalten. Die Folgen dieses Instinkts liegen klar auf der Hand: Durch dieses Gebaren kommt der Stärkste, der Tüchtigste, der Aggressivste zur Fortpflanzung und trägt damit wesentlich zu Erhaltung des Rudels und der Art bei. Käme dagegen jedes geschlechtsreife männliche Tier zum Sprung, würde auch das Erbgut von schwachen Tieren weitergegeben, was zu einer Verschlechterung der Lebensfähigkeit der Art führen müßte.

Für den Menschen stellt sich dieses Problem nicht, doch sein Wunsch nach Macht ist eine dauernde Herausforderung, sich anzustrengen, auf Rivalen zu achten, sich mit ihnen zu messen, sie zu übertreffen, also selbst leistungsfähig zu bleiben.

Der nach Macht Strebende gleicht im übertragenen Sinn dem Kind, das von einem gewaltigen Bewegungsdrang besessen ist. Schier unermüdlich krabbelt es auf dem Boden herum, zieht sich an Stuhlbeinen hoch, fällt und versucht es von neuem. Der tiefere Sinn dieser Aktivität liegt in einer maximalen Reizung der Muskulatur, die sich durch diese ständigen Impulse, durch dieses Training vermehrt aufbaut. Genauso hält Machtstreben das Individuum geistig-seelisch auf Trab. Der Kranke, der sich aufgegeben hat, der Depressive, für den nichts auf dieser Welt mehr von Wert zu sein scheint, verkümmert vorzeitig, während mancher machtorientierte Alte noch vom Krankenlager aus seine Umgebung tyrannisiert, an ihr also sein Machtstreben auslebt.

Ohne auf feinere Differenzierungen einzugehen, kann man das Streben nach Macht in vier Kategorien einteilen:

1. Sich erhöhen: eine Tendenz, die von starkem Leistungswillen bis zum rein verbalen Eigenlob reichen kann und in ausgeprägter Form die Züge einer Profilneurose annimmt;
2. sich erniedrigen, um erhöht zu werden, was in der harmlosesten Form *fishing for compliments* heißt;
3. sich mit Konkurrenten auf das gleiche oder ein höheres Niveau zu stellen, indem man die anderen herabsetzt;
4. die anderen durch eine Vielzahl von Möglichkeiten zu erpressen, um so auf Umwegen zum Ziel zu kommen; stellvertretend für das ganze Spektrum von Masken und Maskeraden stehe hier die Flucht in die Krankheit.

Masken der Selbsterhöhung

Herr A kommt das erste Mal in die Wohnung der Familie B, wird ins Wohnzimmer geführt und einige Minuten allein gelassen. Er nimmt Platz, steht aber gleich wieder auf, weil er in der Ecke des Zimmers einen Kanarienvogel gesehen hat. Er geht auf den Käfig zu, kommt jedoch nicht weit: Ein Tier faucht unter dem Tisch hervor. Er reißt den

Kopf herum und sieht ein mächtiges Gebiß. In diesem Augenblick interessiert es Herrn A keineswegs, was der Kanarienvogel von ihm hält, wohl aber beschäftigt ihn der Gedanke, wie der Hund unter dem Tisch zu ihm stehen mag. Nur jetzt keine hastige Bewegung! Bloß keine Angst zeigen! Soll ich mich umdrehen, oder soll ich mit dem Rücken voraus zu meinem Platz gehen? Wie wär's mit einem mächtigen Sprung aus dem Zimmer? Aber vielleicht beißt er dann erst recht. Oder soll ich's mit Sympathiebekundungen versuchen: »Ja, wo ist denn der liebe Hund?« Ähnliche Gedanken mögen Herrn A durch den Kopf gehen, bis der Hausherr erscheint und die Lage bereinigt. Kein Problem wäre es gewesen, besäße Herr A die Kraft eines Bären – dann hätte sich bei dieser Begegnung der Schäferhund gewünscht, er möge jetzt überall sein, nur nicht in diesem Raum.

Fühlt eine Katze oder ein Hund einen Kampf bevorstehen, sträuben sich die Haare des Tieres. Dadurch wirkt es auf den Gegner größer, als es ist, flößt ihm mehr Respekt ein und veranlaßt ihn auf diese Weise vielleicht, den Angriff aufzugeben. Dagegen wird die gleiche Katze angesichts einer Maus nicht das Fell sträuben. Wer sich seiner Überlegenheit bewußt ist, kann in aller Ruhe den Angriff abwarten. Wer weiß, daß er anerkannt ist und daß er im Mittelpunkt steht, braucht nicht erst die Aufmerksamkeit seiner Bewunderer mit wilder Gestik auf sich zu lenken. Wer aber – bewußt oder unbewußt – fürchtet, daß er »untergebuttert« werden könnte, wenn er so bleibt, wie er ist, wird einiges unternehmen, um aus dieser wenig schmeichelhaften Lage herauszukommen. Er wird versuchen, den Ton anzugeben, Herr der Lage zu werden. Deswegen die vielen Spruchweisheiten, die sich alle zusammenfassen lassen in der Formel: Wer angibt, hat's nötig.

Der sicherste Weg zur Macht ist der über echte Führerschaft. Nehmen Sie an, Sie machen einen Ausflug im Hochgebirge, geraten dabei völlig unvorhergesehen in Nebel, Schneegestöber, grausige Kälte und damit in Lebensgefahr. Da begegnen Sie einem Jungen, einem Burschen aus dem Dorf, von dem aus Sie aufgestiegen sind. Er macht zwar nicht den intelligentesten Eindruck – vielleicht kann er nicht einmal seinen Namen richtig schreiben –, aber er kann etwas anderes, für Sie viel, viel Wichtigeres: Er kann Ihnen den Weg aus der Lebensgefahr ins Tal zeigen. Würde der Junge von jedem aus Ihrer Gruppe hundert oder tausend Mark verlangen, in der Todesangst würde man ihm das Geld gewähren. So schließen Sie sich dem Burschen auf seinem Weg ins Tal an. Niemand fragt oder zweifelt dabei, ob er auch wirklich den Weg kennt. Vertrauensvoll stapfen Sie ihm nach. Das ist ein Beispiel wahrer Führerschaft, das heißt: Machtausübung über Leistung zum Nutzen der anderen. Nun, diesem Jungen fiel in einer Ausnahmesituation Macht zu, die er keineswegs wollte, der er sich wahrscheinlich nicht einmal bewußt geworden ist.

In der Mehrzahl der Fälle geht das Streben nach Macht andere Wege. Da merkt ein kleiner Knirps von einigen Jahren, wie er bewundert, bestaunt, gelobt wird, wenn ihm etwa gelingt, Holzklötzchen zu einem Turm aufeinanderzusetzen. Später im Kindergarten schlägt er einen Widersacher auf die Nase und wird von diesem Augenblick an einerseits gefürchtet, andererseits bewundert. In der Grundschule findet er sich schneller in den Geheimnissen des Kleinen Einmaleins zurecht als das Gros der Klasse. In der Oberschule schießt er die Tore für seine Mannschaft, wird umjubelt, zum Klassensprecher gewählt. Schließlich stößt er auf PLUTARCHS Lebensbeschreibungen berühmter Männer und berauscht sich an den Taten dieser »Großen«.

Wundern Sie sich, wenn dieser junge Mann mit achtzehn Jahren in der Jugendorganisation einer Partei sein Machtstreben in Rhetorik, Verfahrensgezänk oder Reformtätigkeit übt? Natürlich kann es auch sein, daß er ganz unbewußt über die Beherrschung von Wissen nach Macht strebt, zum Beispiel jener Fachmann auf einem Spezialgebiet wird, ohne den weltweit kein größeres Projekt in diesen Angelegenheiten mehr läuft; oder der bekannte Chirurg für eine bestimmte Herzkrankheit, zu dem die Prominenten aus allen vier Himmelsrichtungen pilgern und untertänig um Behandlung bitten; oder der große Künstler, der mit Tönen, Farben, Formen, Formulierungen seine Bewunderer in Rauschzustände versetzt.

Am Ende seines neunzigjährigen Lebens wurde der große Pianist ARTUR RUBINSTEIN gefragt, wie er es sich erkläre, daß so viele Juden Außergewöhnliches in der Kunst, vor allem in der Musik leisteten. Dem Sinn nach antwortete der greise Musikzauberer: »Wir Juden sind nicht besonders beliebt. Wir können uns nur durchsetzen, wenn wir etwas besonders Schönes bieten...« Streben nach Durchsetzung, nach Einfluß, verwirklicht sich hier also über eine außergewöhnliche Leistung, die die Sinne anspricht.

Stellen Sie sich einen großen Sänger vor, den am Ende einer Vorstellung das Publikum immer wieder auf die Bühne applaudiert. Er hebt die Hand und bittet um Ruhe. Und dann sagt er: »Ich singe für Sie noch zwei Arien unter der Bedingung, daß Sie sich verpflichten, beim Verlassen des Saales in ein Körbchen zehn Mark zu geben für alte notleidende Sänger, denen das Schicksal nicht so hold war wie mir...«

Die Antwort: stürmischer Applaus. Die zusätzlichen zehn Mark sind kein Problem, wenn er nur noch etwas singt, so denken die da drunten zu Füßen des Einzigartigen.

»Machtbewußtsein ist schon fast ein sexuelles Gefühl«, sagte der amerikanische Außenminister Henry Kissinger, ein Mann, der selbst mächtig war und in seiner berühmten Pendeldiplomatie von einem der Mächtigen zum anderen reiste.

Während die Lust der Sexualität Grund genug ist, sie zu praktizieren, hilft das Bewußtsein der Macht, psychische Mangelzustände zu kompensieren. Aus diesem Grund sind mächtige Frauen meist noch machtbesessener als ihre männlichen Kollegen: denn der Umstand, daß sie sich auf ein Terrain begeben haben, das traditionell den Männer vorbehalten ist, zwingt sie zur Verdoppelung ihrer Anstrengungen, und durch den Druck, besser sein zu müssen als die männliche Konkurrenz, haben sie noch mehr zu kompensieren als die Männer. Denken Sie in diesem Zusammenhang an Margaret Thatcher oder Indira Gandhi.

Es ist symptomatisch, daß nicht die Formulierung: »Mehr scheinen als sein«, sondern: »Mehr sein als scheinen« zum geflügelten Wort geworden ist. Offenbar ist die Priorität des Scheins so selbstverständlich, daß sie keiner Erwähnung bedarf. Umgekehrt ist das »Mehr sein als scheinen« eine so ausgefallene Maxime, daß wir schon Immanuel Kant und das preußische Beamten- und Offiziersethos bemühen müssen, um dieser Formulierung eine gewisse Fundierung zu geben, wobei wir insgeheim immer versucht sind, uns zu fragen, ob dieses »Mehr sein als scheinen« nicht die raffinierteste Form der Angabe, also des Scheins ist.

Von Friedrich Nietzsche stammt das Wort vom »Willen zum Schein«, wobei Wille mit »biologischer Notwendigkeit« übersetzt werden könnte. Der Verhaltensforscher spricht in diesem Zusammenhang von Mimikry als einer naturgegebenen Taktik des Tieres, durch Anpassung zu überleben.

Der *Mächtige* als der gegen die Angriffe der vielen Schwächlinge Gefeite, der Mächtige als der Magnet, der bewundernde Gemüter anzieht, der Mächtige mit seiner Verfügungsgewalt über Kornkammern und andere Vorratsspeicher, der Mächtige als Gesetzgeber und Haremsbesitzer hat als Wunschgestalt schon immer die Phantasie beschäftigt, weil er über die Möglichkeit verfügt, viele tierisch-menschliche Triebe auszuleben, deren Erfüllung den meisten versagt bleibt. Zwei beliebte Hilfsmittel zum Ziel, Macht über andere durch Selbsterhöhung zu gewinnen, sind Eitelkeit und Stolz. Der Eitle wie der Stolze fixieren sich auf die Reaktion ihrer Umwelt. Beide wollen ihre Umwelt zur Reaktion bewegen. Beide hängen von der Reaktion ihrer Umwelt ab. Der *Eitle* will gefallen, will Bewunderer, mehr noch, Freunde gewinnen. Sein Herz hängt an der Zustimmung, am Applaus. Unbewußt hofft er, daß ihm Bewunderer und Freunde in kritischen Zeiten helfen werden. Daß aber niemand so wenige Freunde hat wie in der Not, ist eine immer wieder zitierte Weisheit, deren Richtigkeit sich an zahllosen Einzelschicksalen erwiesen hat. Aber dies wird der Eitle nie einsehen können.

Anders der *Stolze:* Er will imponieren durch Anrempeln. Er will zeigen, daß man mit ihm rechnen muß; daß er also kein Quantité négligeable ist, ja, daß er bei Mißachtung unangenehm, wenn nicht sogar gefährlich werden kann. Literarisches Beispiel für den pathologisch stolzen Menschen ist DON QUICHOTTE, der entgegen dem Zeitgeist und jeglichem gesunden Menschenverstand die untergegangene Welt des Rittertums zu neuem Leben erwecken will und sich dabei nicht einmal vor Riesen, geschweige denn vor

Menschengeschwätz fürchtet. Im Gegensatz zum Eitlen, der von der Anerkennung seiner Umwelt abhängt, ist der Stolze innengesteuert: sein Herz liefert ihm die Richtung seines Trachtens. Sein Herz ist sein Kompaß. Trotzdem verbringt auch Don Quichotte viele Stunden seines Romanlebens damit, seine Ansichten und Handlungen einer verständnislosen Welt zu erklären. Auch dem extrem Stolzen, dem pathologisch Stolzen geht es also letztlich wie dem Eitlen um Anerkennung.

Plakativ auf einen Nenner gebracht heißt Stolz: »Ihr könnt mich alle!« oder: »Es ist mir gleichgültig, ob sie mich lieben oder hassen, wenn sie mich nur fürchten!« oder: »Was kümmern mich die zwei Millionen Toten meiner Feldzüge!« oder: »Ich bin ich!« In humoristisch abgeschwächter Form heißt es: »Mia san mia.«

Stolz kann eine der raffiniertesten Masken des Schwachen sein. Der Schwache steigt dann, bildlich gesprochen, auf seine eigenen Schultern und überragt somit auch noch den Größten. Schauen wir uns kurz die Jugend eines im wahren Sinne des Wortes Zukurzgekommenen an: NAPOLEON BONAPARTE. Ausgewachsen bringt er es auf ganze 156 Zentimeter Lebensgröße. Als Sohn eines verschuldeten Winkeladvokaten kommt der Knirps, der »Ausländer« mit dem blassen Teint und dem unmöglichen Dialekt auf eine Eliteschule für Söhne von Grafen, Herzögen, Fürsten. Sie lachen ihn aus, sie verspotten ihn. In seiner Freizeit versteckt er sich in Büschen, liest und träumt. Er liest PLUTARCHS Lebensschilderungen großer Männer, und er brennt fast vor Ehrgeiz, es diesen Söhnen reicher Väter einmal zu zeigen. So konsequent arbeitet er an sich, daß er, fällt ihm nachts im Bett etwas ein, das er sich für den vergangenen Tag vorgenommen, aber nicht ausgeführt hat, aufsteht, zur Strafe anzieht und das Vorhaben durchführt. Natürlich wird man so kein Genie. Ist man aber ein Genie und brennt in der Brust ein unstillbares Feuer, dann muß man ein ungewöhnlicher Mensch werden, ein Feldherr und Franzosenkaiser, der ganz Europa durcheinanderbringt, ein Heiliger (zum Beispiel IGNATIUS VON LOYOLA), ein Volkstribun (wie LENIN), ein Verbrecher (HITLER).

Niemand neigt so stark zur *Überkompensation* wie der Schwache, und darin besteht sehr oft seine Stärke. Denn was heißt Überkompensation? Aus einer Schwäche eine ganz besondere Stärke machen! Der Verunsicherte behält alle seine Stärken bei, verwandelt seine große Schwäche ebenfalls durch Kompensation in eine Stärke und ist dann oft denen überlegen, die das Fegefeuer großer Minderwertigkeitskomplexe nicht erleben mußten.

Große Leistungen zu vollbringen, im Rampenlicht zu stehen, *Mittelpunkt* zu werden, dahinter verbirgt sich oft die neurotische Schubkraft eines Minderwertigkeitsgefühls. »Schaut her, wie weit ich es gebracht habe, trotz meiner schlechten Startposition!«

Aus ähnlichen Gründen übertreiben Selfmademen so gern, wenn sie ihren Aufstieg schildern, und vergessen so leicht, glückliche Umstände ihres Vorankommens zu erwähnen. Nein, es war alles ihre eigene Tüchtigkeit, ihr Mut zu knochenharter Arbeit, ihr Durchblick, ihre Ausdauer. Hat dagegen einer Besitz und Einfluß geerbt, dann werden dem Vater oder Großvater diese Eigenschaften zugeschrieben in der stillen Hoffnung, daß jeder Zuhörer versteht, welche Qualitäten im Blut des Erzählers stecken.

Sehr bedeutende Vorfahren können aus demselben Grund die Aktivitäten eines Menschen lähmen, etwa wenn er sich sagen muß, daß er ja doch nie gegen den Ruhm seines Vaters oder Großvaters ankommen kann und verglichen mit ihnen bleibe stets nur Mittelmaß bleiben muß, wird er sich dem Wettbewerb erst gar nicht stellen. Dann sprechen Beobachter davon, daß einer »schwer an der Bürde seines Namens trägt«. Die Flucht vieler reicher Erben in den Jet-set ist nicht immer auf bloße Vergnügungssucht zurückzuführen. Im Jet-set kann der Playboy Großes erzielen, so Großes sogar, daß die Illustrierten über ihn in jeder Ausgabe berichten. Hätte er dagegen das Werk seiner Vorfahren weitergeführt, müßte er sich häufig sagen lassen: »Von seinem Vater, seinem Großvater hat er wirklich nichts!«

Das Streben nach *Originalität* kann ebenfalls einen Minderwertigkeitskomplex maskieren. »Wenn mit mir schon nicht viel los ist, dann will ich wenigstens durch mein Gehabe auffallen.« Exzentrische Kleidung, ausgefallene Haar- und Barttracht oder ein Spleen, der rekordverdächtig ist, lassen auf bewußt oder unbewußt getragene Masken schließen. – »Lieber eine Sechs in Latein als überhaupt keine persönliche Note«, witzelt der Schüler.

Die *betont aufrechte Haltung* des kleingewachsenen Menschen ist eines der äußerlichen Signale von Kompensation. Vielleicht stecken seine Füße auch noch in Schuhen mit besonders hohen Absätzen und die Körpergröße erhöhenden Sohlen. Da sie so schnell vorankommen wollen wie die Großen, bewegen sich die Kleinen gern mit *Riesenschritten* – ein Anblick, der ebenfalls sofort an Wichtigtuerei erinnert.

Ein großgewachsener Mensch braucht mehr Raum um sich als ein kleiner. Aber auch darin wollen viele Kleinwüchsige den Großen nicht nachstehen. Sie bewegen sich mehr und bauen somit um sich herum ein Revier auf, das im Ausmaß dem eines weitaus massiveren Zeitgenossen entspricht. Ähnliche körperliche Dynamik wäre einem großen Menschen fast unmöglich.

Wenn der Schwache überhaupt Chancen haben will, gegen einen wesentlich Stärkeren zu bestehen, dann nur, wenn er nicht erst wartet, bis er angegriffen wird, sondern den für ihn günstigsten Augenblick zum Zuschlagen nutzt. Die Historiker sprechen in diesem Zusammenhang von Präventivkriegen oder von der Flucht nach vorn. Der leicht zu verunsichernde Mensch sieht mehr Gefahren als der Selbstsichere und läßt sich deswegen meist schneller zum Angriff provozieren. Der Volksmund sagt: »Kleine Töpfe laufen schnell über.« *Aggressivität, Rechthaberei* und *Unduldsamkeit* gedeihen besonders leicht in einer verunsicherten Psyche. Je früher einer die Aktionen des Gegners stört, um so größer sind seine Sieges- oder Überlebenschancen. Daher die überdurchschnittliche Aggressivität vieler kleinwüchsiger Leute. Wir sehen förmlich, wie sie sich aufrichten, den Hals strecken und das Kinn nach oben recken, wenn sie sich in ihrer Bedeutung verkannt fühlen.

Manchmal legen sich machtorientierte Menschen – um so mehr, wenn sie von einem starken Kompensationsbedürfnis getrieben werden – irgend etwas »Großes« zu, mit Vorliebe ein imposantes Büro, ein repräsentatives Auto, ja sogar eine langbeinige Frau: »Seht her, mir ist nichts zu groß, ich bezwinge alles.«

Der *Schwache* ist im Fall eines Angriffs mehr auf Verbündete angewiesen als der Starke. Daher neigt er dazu, weit mehr als der Starke zu registrieren, wie seine Umgebung zu ihm steht. »Mit wem kann ich rechnen? Wer hält zu mir? Wer mag mich? Wer liebt mich?« Nichts beunruhigt ihn mehr als unzuverlässige Freunde, die im entscheidenden Augenblick dann doch nicht zu ihm halten würden. Da sind ihm echte Feinde lieber: Bei denen kennt er sich aus, die weiß er zu behandeln. Das sehr sensibel reagierende Gefühlsbarometer des Verunsicherten funktioniert nach dem Prinzip: »Wer nicht für mich ist, ist gegen mich.« Daher dulden Schwache meist auch *keine Kritik*. Dagegen bewahrt sich mancher Unterlegene für Zeiten des Machtkampfes einen gehörigen Vorrat an *Kritik* oder *handfesten Vorwürfen* auf, die er, wie einst der kleine David dem Riesen Goliath, seinem Gegner ins Gesicht schleudern kann.

Wer sich stark fühlt, fordert die Kritik heraus, um noch besser zu werden. Wer dagegen spürt, daß seine Fassade nur aus Gips besteht, kann es sich nicht leisten, daß einer daran herumkratzt. Kritik ruft außerdem sofort das Gefühlsbarometer des Verunsicherten in Aktion, der dann nicht anders kann als zu der aufregenden Feststellung zu kommen: Dem Kritiker ist im Falle eines Falles nicht zu trauen. Er wird sich kaum für mich schlagen. Also Vorsicht! Der Schwache kann alles eher vertragen, selbst Kämpfe, Streit, Anfechtungen, als das, was sein angeschlagenes Selbstbewußtsein weiter unterminieren könnte. Und das tut schließlich Kritik in seinen Augen.

Je kompetenter ein Fachmann, um so vorsichtiger fallen seine Urteile aus. Zu oft schon mußte er die Revision einer ihm liebgewordenen Lehrmeinung auf seinem Spezialgebiet erfahren. Darum liebt er relativierende Formulierungen wie: »Einiges spricht für die Ansicht...«, »Wir können nicht ganz ausschließen, daß...«, »Natürlich könnte unter Umständen auch das Gegenteil eintreten...«

Nichts macht dagegen so selbstsicher wie eine *Halbbildung*. Der Halbgebildete weiß alles »hundertprozentig«, »todsicher«, »unbedingt«, »absolut«.

Auch Prediger aller Couleurs sprechen um so eindringlicher und eifernder, je wackeliger die Beine sind, auf denen ihre Lehren stehen. Leider halten viele Menschen Lautstärke und Theatralik für zwingende Logik und Wahrhaftigkeit. Der Scharlatan kennt seine Pappenheimer und wendet solcherlei Taktiken der Überzeugungskunst an.

Eng verwandt mit dem Streben nach Macht ist der *Ehrgeiz,* so eng verwandt, daß wir von Zwillingsbrüdern sprechen können. Der Ehrgeizige mißgönnt dem anderen die Ehre, kann es also nicht vertragen, daß dieser ihm in irgendeiner Weise überlegen ist oder zu sein scheint. Wer verehrter ist, wer mehr Ehre genießt, über ein zahlreiches Gefolge verfügt, der stachelt den Ehrgeizigen auf, zum Streit um die Macht anzutreten. Wenn dem Ehrgeizigen schon keine besondere Auszeichnung widerfährt, dann darf auch dem anderen keine zuteil werden. Unzählbar sind die Facetten, die der Ehrgeiz im Alltag annehmen kann.

- Da stürzt sich jemand in Schulden, um etwas für ihn Nutzloses zu kaufen, »weil man das heute haben muß«. Gedacht ist dabei natürlich an die Bekannten, Verwandten und Freunde, mit deren Besitzstand an Statussymbolen man glaubt gleichziehen zu müssen.
- Da will ein Ehemann von seiner Frau mit bohrender Hartnäckigkeit erfahren, ob ihr früherer Freund im Bett auch so »gut« gewesen sei wie er.
- Da besteht einer auf denselben Rechten wie sein Kollege, obwohl er damit gar nichts anfangen kann, aber er geizt nun einmal dem anderen die Ehre, irgendwo, irgenwie bevorzugt zu werden.
- Da erwähnt jemand in Gesellschaft, daß er seinen diesjährigen Urlaub auf den Bahamas verbracht habe. Sofort fällt ihm der Ehrgeizling mit der Mitteilung ins Wort, er sei schon vor fünf Jahren auf den Bahamas gewesen.
- Da berichtet einer, er baue sich zur Zeit ein Haus. Umgehend findet sich der Ehrgeizige, der zu vermelden hat, daß er gegenwärtig an seinem *zweiten* Haus baut.

- Da vertraut einer dem anderen an, er habe neben seiner Frau noch eine Geliebte. Reaktion des Ehrgeizigen: »*Eine* nur?«

Starke Charaktere, was soviel heißt wie *selbstsichere Menschen,* schaffen sich nicht selten ihre eigenen Gesetze. Aus ihrer persönlichen Kraftfülle heraus zeigen sie Verständnis für die barocke Lebensfülle und die Extravaganzen auch ihrer Gegner.

Der Schwächling dagegen pocht auf *Gerechtigkeit.* Er klammert sich an die Gesetzesmaschen, die jeden fangen sollen, der ihm gefährlich werden könnte. Die Gesetze sind der Schutz der Schwachen gegen die Willkür der Starken. Darum wacht der Verunsicherte mit Argusaugen darüber, daß ihm immer und überall Gerechtigkeit widerfährt und keiner in den Genuß eines unrechtmäßigen Vorteils kommt.

Würde er nämlich dulden, daß jemand bevorzugt oder benachteiligt wird, dann könnte sich ja die Ungerechtigkeit das nächste Mal gegen ihn selbst wenden. Freilich, die häufige Betonung der Gerechtigkeit oder die nicht weniger oft vorgebrachte Geißelung von Ungerechtigkeiten schützt den Gerechtigkeitsapostel keinesfalls davor, für sich selbst gelegentlich Ausnahmen in Anspruch zu nehmen, wobei ihm dieser Wunsch nach Sonderbehandlung oft gar nicht bewußt wird.

Das Gerechtigkeitsgefühl mündet leicht in *Rechthaberei.* Juristen berichten, daß Ärzte und Lehrer die schwierigsten, weil rechthaberischsten Kunden seien. Arzt und Lehrer sind daran gewöhnt, daß ihnen niemand widerspricht. Diese Tatsache läßt sie eine manchmal fast krankhafte Selbstsicherheit entwickeln. Anders liegt der Fall beim Unsicheren. Diesen bewahrt bewußte oder unbewußte Rechthaberei davor, dem Gegner Recht geben, also sein eigenes

Unrecht eingestehen zu müssen. Unrecht zuzugeben, schwächt einmal den Betreffenden selbst, weil er damit eine Fehlleistung eingestehen muß. Er fühlt sich aber auch in den Augen der anderen herabgesetzt. Eine solche Lage strapaziert sein Sicherheitsbedürfnis über die Maßen.

Der Weg zur *Unduldsamkeit* ist dann nicht mehr weit. Der Unduldsame gestattet erst gar nicht die Diskussion, ob er recht oder unrecht hat, und wie so häufig im menschlichen Verhalten können die gleichen Erscheinungen unterschiedliche Ursachen haben.

Da hat sich jemand einer (politischen, religiösen, philosophischen, ernährungsideologischen) Weltanschauung verschrieben, ist sich aber in einigen entscheidenden Punkten seiner Überzeugung nicht ganz sicher.

Aus dem Gefühl der Unsicherheit heraus verbietet sich nun so ein Verunsicherter jegliche Diskussion. Er wünscht nicht, seinen ohnehin erschütterten Glauben in Gefahr zu bringen, oder gar gestehen zu müssen, daß er einer fixen Idee auf den Leim gegangen ist.

Unduldsamkeit entsteht aber auch nicht selten aus den Überlegenheiten des besser Informierten, der nicht einsehen will, warum er mit Laien seine Zeit vertun soll. Da bricht etwa der Fachmann für Geologie das Gespräch brüsk ab, wenn er sich den laienhaften Ansichten des Herrn X ausgesetzt sieht. Reagiert ein Fachmann in dieser Weise, dann handelt es sich dabei um Unsicherheit in der Maske schroffer Dominanz.

»Wissen ist Macht« – diese Formulierung wurde nicht zuletzt auch von der deutschen Arbeiterschaft im Kampf um mehr soziale Rechte benützt. Doch nicht um diese Macht geht es dem *Bildungsbürger.* Bei ihm müssen wir genau untersuchen, was hinter seiner gelehrten Fassade steckt. Ohne Zweifel gibt es *wißbegierige Menschen* auf allen Wissensgebieten, Menschen, die bei einer Wanderung ihre Gedanken in einen Stein versenken können, um aus ihm das Schicksal der Landschaft zu rekonstruieren; Menschen, bei denen der Anblick des Mondes nicht nur romantische Gefühle auslöst, sondern eine Kette von Gedanken von der Astronomie bis zu religiösen Überlegungen.

Neben diesem wissenshungrigen Typus, der Erkenntnisse sammeln muß wie andere Bierdeckel oder Briefmarken, existiert der *Bildungsbewußte,* der weiß, was man wissen muß, um etwas zu gelten, um »anzukommen«. In besonders lächerlichen Fällen nimmt dieser Bildungsbewußte ein Lexikon zur Hand, studiert intensiv einen Beitrag, sagen wir das »limbische System«, geht anschließend in Gesellschaft, bringt das Gespräch auf Gefühle, Entstehung von Gefühlen und landet todsicher beim limbischen System, dem Mischpult für unsere Gefühle.

Die Vorstellung, daß sich manche Menschen »meterweise« Bücher für die altdeutsche Schrankwand besorgen lassen, ist ein ebenso alter wie abgedroschener Gag von Sketch- und Komödienschreibern, der die Maske des Bildungsbürgers persifliert. Tatsächlich gehört zu dieser Maske der exzessive Konsum von aktuellen Bildungsgütern oder dem, was der Betreffende dafür hält. Typisch sind ständige Hinweise auf erst kürzlich gelesene Bücher, besuchte Ausstellungen, gehörte Vorträge, im Kino und zu Hause gesehene Filme, von denen natürlich die meisten sensationell gut waren. Um so größer – und befriedigender – ist dann das Erstaunen, wenn der Gesprächspartner eingesteht daß sein Kulturkonsum entschieden bescheidener ist.

Das gleiche Imponiergehabe beobachtet man oft bei Anfängern in Fremdsprachen. Wer eine Fremdsprache leidlich oder sogar gut beherrscht, kommt ohne sie aus, wenn er seine Muttersprache spricht. Viele Anfänger dagegen gefallen sich bei ganz einfachen sprachlichen Sachverhalten in ständigen Anleihen bei der fragmentarisch beherrschten Fremdsprache. Dann heißt »einverstanden« *d'accord* oder *all right*, und eine Kneipe hört auf die imposanten Namen *Bistro* oder *Grotto* oder *Pub*.

Solche Floskeln sind der fast sichere Beweis, daß man es mit einem Halbgebildeten zu tun hat, der mehr scheinen will, als er ist.

Aufhorchen lassen sollte auch die allzu häufige Verwendung von *Zitaten*. Wortgewandten Menschen gelingt es ja immer wieder, komplexe Zusammenhänge in die spielerisch-prägnante Form des Bonmots zu gießen. So deckt zum Beispiel ein einziger Vers ein großes Gebiet der angewandten Psychologie ab:

Nichts ist drinnen, nichts ist draußen,
Denn was innen ist, ist außen.

Die Substanz dieses Verses liefert genügend Stoff für einen langen Vortrag, ja für ein Buch über Körpersprache oder andere Formen der Ausdruckspsychologie. Will jemand in knappster Form auf diese Zusammenhänge hinweisen, wäre er ungeschickt, würde er sich dieses Verses von GOETHE nicht bedienen.

Einer meiner Bekannten, dessen Allgemeinbildung genauso umfassend ist wie seine Zunge lose, reagiert sehr geschickt auf weibliche Proteste gegen einige seiner Formulierungen mit dem gleichfalls von Goethe stammenden Zitat:

Man darf vor keuschen Ohren nicht erwähnen,
Was keusche Herzen nicht enbehren können.

Lächelnd denken sich dann alle, einschließlich der keuschen Damen: »Ja, genauso ist es.« Und mit einer anderen Formulierung wäre der Tatbestand nicht halb so witzig, so präzise getroffen.

Zitate sollen und können wie die Rosinen in einem guten Kuchen sein. Finden wir aber Rosinen in einem Gericht, in das sie nicht gehören, werden wir stutzig – und so geht es uns auch bei Menschen, die Auswendiggelerntes, zum Beispiel Zitate, einsetzen müssen, weil sie das, was sie sagen wollen, nicht mit eigenen Worten ausdrücken können. Sie spüren selbst die Unzulänglichkeit ihrer Worte und möchten sie mit Hilfe von Zitaten aufwerten, ihnen Autorität verschaffen.

Je nach der Wahl der Sprüche soll dann neben Bildung auch Witz oder gar Sinn für Humor vorgespiegelt werden. Zitate aus der Bibel deuten auf Religiosität. Darüber hinaus sollen sie aber auch Anständigkeit, Treue, Ehrlichkeit signalisieren, wie ja auch der Priester den Ruf absoluter Integrität genießt.

Aufhorchen lassen sollte uns auch die unmäßige Verwendung von *Fremdwörtern.* Natürlich gibt es Fremdwörter, die einen Sachverhalt so eindeutig beschreiben wie »Spaghetti« eine bestimmte Nudelart, »Artischocken« eine Gemüsesorte oder »Sauce hollandaise« eine Feinschmeckersoße, daß sie Eingang in unseren alltäglichen Sprachgebrauch gefunden haben. Um Wörter wie »Esprit«, »Gentleman« oder »Grandezza« zu erklären, bedürfte es langer Ausführungen.

Daneben gibt es aber auch eine Form des Fremdwortgebrauchs, die sprachlich völlig sinnlos und der Verständigung durchaus abträglich ist, die aber Fachwissen und Sachkunde vorspiegeln soll, um die eigene Position gegenüber dem Gesprächspartner zu stärken. Besonders die Aufsteiger und die Aufgestiegenen in der Geschäftswelt, nicht aber die Spitzenfunktionäre überwürzen ihre Sprache gern: Bei ihnen hagelt es »Inputs« und »Outputs«, »Maximierungen«, »Institutionalisierungen«, »Penetrationen«, »selektive Apperzeptionen« und so weiter. Und wenn der Direktor seine Leute fragt: »Wissen wir überhaupt, was die Kunden von uns erwarten?«, kleidet sein karrierebewußter Assistent seine nichtssagende Antwort in die Worte: »Bevor wir in den Entscheidungsfindungsprozeß eintreten, müssen wir das Aquisitionsverhalten unserer potentiellen Abnehmer eruieren.« Gerade in großen Firmen ist oft zu beobachten, daß sich die Herren der Chefetage am allereinfachsten ausdrücken. Am kompliziertesten dagegen sprechen die Chargen des aufstrebenden unteren und mittleren Managements. Der oberste Chef braucht nicht mehr anzugeben. Er analysiert die Lage, trifft eine Entscheidung und teilt sie dann klar mit. Der unsichere Anfänger und der noch immer verunsicherte Aufsteiger müssen »Schaum schlagen«, müssen mit ihren Formulierungen zu verstehen geben, an wie vieles sie gedacht haben, bevor sie zu einer Feststellung oder zu einer Frage kommen. Der anerkannte Boß hat es nicht nötig, sich auf diese Weise abzusichern. Er weiß, daß seine Mitarbeiter seiner Umsicht und Fachkunde vertrauen – oder jedenfalls so tun müssen. Ein Großteil der in Betrieben so beliebten Aktennotizen ist auf die Unsicherheit ihrer Verfasser zurückzuführen und nicht nur, wie meist gewitzelt, auf Profilneurose.

Bei echten geistigen Hochstaplern sollen Fremdwörter in vielen Fällen auch nur die Dürftigkeit ihrer Gedanken verschleiern.

Dagegen spricht aus den Worten des *Schönredners,* der in seine eigenen Formulierungen verliebt ist, die schiere Eitelkeit. Sprechen ist für ihn nicht Mittel zum Zweck, sondern die Ausübung einer Kunst um der Kunst willen. Dahinter mag echtes ästhetisches Vergnügen stecken, aber auch Imponiergehabe, ein augenzwinkerndes Sich-auf-die-Schulter-Klopfen verbunden mit der Frage: »Na, hab' ich's euch nicht wieder einmal schön gesagt? Ich bin doch ein toller Bursche, was?«

Beim *Salbungsvollen* verbinden sich gleich mehrere Formen des Wunsches nach Selbsterhöhung. Einmal das biblische »Herr, ich danke dir, daß ich nicht bin wie jene dort«, also der Wunsch nach einer deutlichen Trennungslinie, die ihn von allem Menschenlichen, Allzumenschlichen abhebt. Ferner die Lust an Erhabenem, das heißt auch Erhobenem, über die anderen Hinausgehobenem. Salbungsvoll ist nicht nur sein Vortrag, salbungsvoll sind auch seine Wortwahl und seine Gestik. Achten Sie darauf, ob er nicht gar immer wieder die Augen zum Himmel richtet.

Auch in voller Aktion spricht und bewegt sich der Salbungsvolle gemessen. Traditionell Gesalbte (Könige, Kaiser und Päpste) unterlassen jede flinke Bewegung und jeglichen schnellen Redefluß. Sie gehen nicht, sie begeben sich, (wie ja auch das Wort »Prozession« vom lateinischen *procedere* für »sich begeben« kommt). Und sie reden nicht, sie verkünden.

Wie sie versucht der Salbungsvolle seine Wirkung auf die Umwelt zu steigern, indem er auf Distanz achtet und jeden Ausdruck seiner verbalen oder körperlichen Sprache mit Feierlichkeit unterlegt. Dabei erreicht er freilich oft den entgegengesetzten Effekt: Gewollte Feierlichkeit wirkt aufgesetzt und damit lächerlich.

Natürliche Distanz ohne Feierlichkeit dagegen ist ein Ausdruck von *Würde.* Der Würdige ist sich seines Wertes ganz selbstverständlich bewußt. Geschlagen und getreten wahrt er noch seine Haltung. Die französischen Aristokraten des Ancien régime mochten oberflächlich und gedankenlos in den Tag gelebt haben, bis sie sich nach Ausbruch der großen Revolution von 1789 in den Gefängniszellen der Bastille wiederfanden. Mit welcher Distanz sie aber ihre Gefangenschaft, Erniedrigung, die Pöbelhaftigkeit und das Elend ertrugen und mit welcher Vornehmheit sie zum Schafott schritten, war edel, war Adel. Auch bei anderen Gelegenheiten haben schon oft die Opfer ihre Henker beschämt.

Es gibt wenige Eigenschaften, die so schwer zu imitieren sind wie *Würde.* Würde als angeborene oder anerzogene Qualität verliert sich auch unter extremer Belastung nicht, während Würde als Maskerade bei der ersten Herausforderung zusammenklappt. Zu meiner Studentenzeit lehrte in München der Philosoph ROMANO GUARDINI, dessen Vorlesungen so überfüllt waren, daß auch in den größten Hörsälen um einen Sitzplatz auf Stufen oder dem blanken Fußboden gekämpft wurde. Einmal störten zwei *Studenten* seine Vorlesung, worauf Guardini ungehalten wurde und sie zurechtwies. Nun schlichen sich die beiden Kinder der Wissenschaft auf Zehenspitzen hinaus, wonach sich der alte Herr wieder dem Auditorium zuwandte und sagte: »Entschuldigen Sie, das war meiner unwürdig.« Tosender Applaus – nicht etwa, weil wir der Ansicht waren, Guardini habe sich unwürdig benommen, sondern weil wir spürten, daß er wieder den Abstand gewonnen hatte zu den ärgerlichen Alltäglichkeiten, in denen wir alle stecken und die uns nur allzuoft daran hindern, uns mit dem zu beschäftigen, was Guardinis Anliegen war: der Freiheit und der Würde des Menschen.

Auch und gerade im Bereich der Seele schätzen wir Eigenschaften mit Seltenheitswert ganz besonders. Deswegen steht die Würde so hoch im Kurs, und deswegen wird auch die *Einfachheit,* dieses Ergebnis scharfen Verstandes, so bewundert. Nicht beschäftigt uns hier die *sancta simplicitas,* die heilige Einfalt, die Gutgläubigkeit der Kinder und der kindlich oder gar kindisch gebliebenen Massen. Gemeint ist auch nicht die Einfachheit des Ausdrucks oder der Lebensführung. Jeder weiß, daß es viel schwieriger ist, einen Tatbestand einfach als kompliziert auszudrücken, und mancher Wissenschaftler verbirgt seine Unfähigkeit, einen Gedanken einfach zu äußern, hinter dem Argument, daß er nicht für »Bäcker und Schuhmacher« schreibe, wie ARTHUR SCHOPENHAUER in etwas anderem Zusammenhang meinte.

Unsere Sympathie gehört dem griechischen Philosophen, der seinen Trinkbecher wegwarf, den er auf seinen Wanderungen immer mit sich führte, als er einen Jungen sah, der aus den Händen trank, aber wir wollen hier unsere Aufmerksamkeit vielmehr auf jene Einfachheit lenken, die den Weg zu den »einfachen Leuten« ganz bewußt sucht. Diese kernige Einfachheit lohnt sehr wohl den Blick des professionellen Seelendetektivs, denn *gespielte Einfachheit* ist auch ein Mittel zur Macht.

Mancher verbrüdert sich auffallend schnell mit Leuten, indem er demonstrativ einige Stufen der sozialen Leiter herabsteigt. Er sucht damit entweder Bundesgenossen oder Bewunderer für seine menschliche Unkompliziertheit. Schulterklopfen oder das Erfassen der Grußhand mit beiden Händen, Augenzwinkern oder der Griff nach dem Oberarm des Gesprächspartners sind verdächtige Maskierungen.

An *eitle Koketterie* ist auch zu denken, wenn jemand den Wert seines Berufes oder seiner Titel allzu demonstrativ herabsetzt. Da hat einer jahrelang gepaukt, um einen, sagen wir, akademischen Titel zu erringen. Wenn er sich nun darüber lustig macht, wird dies nicht in allen Fällen bessere Einsicht in die Fragwürdigkeit einer akademischen Ausbildung ausdrücken, sondern eher Buhlen um Gunst. Da kann dann ein Mensch, der eifersüchtig darüber wacht, daß man ihn mit »Herr Doktor« anspricht, plötzlich Hinz und Kunz auffordern, diesen »Unsinn mit dem Doktortitel endlich aufzugeben«. Gerade vor Wahlen, wenn es also darum geht, in Machtpositionen hineingewählt zu werden, steigen alle unsere Politiker zur Einfachheit des einfachen Mannes, des »Menschen auf der Straße« herab.

Kein Zweifel, *Charme,* zu deutsch Verzauberung, gewinnt Herzen und zählt zu den großen Gaben, denen sich Menschen und einige Haustiere erfreuen können. Der echte Charmeur weiß nicht, was an ihm charmant ist, während der gewollte Charmeur »Charme macht« (»il fait du charme«, wie die Franzosen, die Fachleute auf diesem Gebiet, sagen). Der Einsatz von Charme zur Erreichung eines bestimmten Zieles zählt zu den bewährtesten Mitteln. Daneben aber gibt es den Charmeur, der mit seiner Begabung grundsätzlich jedes Herz beherrschen will, nicht nur das einer begehrenswerten Frau, sondern auch das des dreizehnjährigen Kindes und jenes der Urgroßmutter. Diese Art von Charmeur testet beständig seine Wirkung auf andere und klopft sich symbolisch jedesmal auf die Schulter, hat er wieder jemand vom Zauber seiner Persönlichkeit überzeugt.

Auch der *Snob* strebt auf seine Art nach mehr Einfluß über seine Umwelt, als er bereits zu besitzen wähnt. Ein Snob will seinen Wert steigern, indem er sich in Gefilden der Gesellschaft tummelt, in denen er eigentlich nichts zu suchen hat. Vollendete Snobs finden wir überall, vor allem aber in Großbritannien, das uns auch diesen Begriff geliefert hat. Ein Snob distanziert sich durch Auftreten und Gehabe von der Schicht, zu der er gehört. Ist der Vater eines Snobs Dorfschullehrer, so wird dieser erklären, sein Vater arbeite mit dem Erziehungsministerium zusammen – wofür einiges spricht: denn mindestens einmal war er schon im

Ministerium, und seine Personalakten befinden sich dort. Ein Snob ist auch kein Vertreter, der am Tag so und so viele Kunden besucht, sondern ein »Kundenberater«.

Ein Snob brüstet sich auch gern mit Bekannten und Freunden, die er angeblich hat.

Es gibt auch Formulierungen, bei denen Sie genau hinhören sollten, vor allem, wenn sie öfter auftauchen, beispielsweise:

- »In meiner Studienzeit...«
- »Als ich noch an der Fachhochschule war...«
- »Da sagte der Präsident zu mir...«
- »Ich kenn' den (es folgt ein bedeutender Name) sehr gut, ein prima Kerl, mit dem man Pferde stehlen kann.«
- »Er lud mich in seinen Bungalow (nicht etwa nur in sein Haus) ein...«

Solche Worte signalisieren: Hier spricht einer von Dingen, die ihm fehlen.

Masken der Selbsterniedrigung

Zur Erinnerung: Wer sich erniedrigt, will erhöht werden. Da berichtet Frau X, deren schönes Haar allgemeine Bewunderung erregt, von ihren Schwierigkeiten mit der Frisur. Alle Zuhörer sind erstaunt und können nicht glauben, daß die Arme wirklich solche Mühen mit ihrem Haar habe. Einer geht sogar soweit zu behaupten: »Ich kenne niemanden, der schöneres, natürlicheres Haar hätte als Sie.« Und so hat Frau X erreicht, was sie wollte: Ihr Haar steht im Mittelpunkt der Aufmerksamkeit, und alle Anwesenden bewundern es – und damit sie.

Eine junge Frau erzählt, sie fürchte sich, auf die Straße zu gehen, weil sie von so vielen Männern belästigt würde.

Sie trägt besonders knappe Pullis und Röcke in ungewöhnlichen Farben, dazu die höchsten Schuhabsätze, auf denen wohl je ein Mensch zu gehen versucht hat. Aber sie erntet die Komplimente, nach denen sie fischte: »Den Mann möchte ich kennen, der sich auf der Straße nicht nach dir umdreht!«

Selbstanklage stellt häufig eine Form der Selbsterhöhung dar, so wenn sich einer gern als »Rindvieh« oder »Trottel« bezeichnet. Natürlich ist er fest davon überzeugt, daß er ein ungewöhnlich intelligenter Mensch ist. Was er eigentlich damit sagen will, klingt im Klartext folgendermaßen: »Du weißt, ich bin ein kluger, überlegender und überlegter Mensch. Und trotzdem machte ich neulich eine Dummheit, die um so unverzeihlicher ist, weil ich ja dieser bekannt kluge Mensch bin, und diese meine besonderen Qualitäten möchte ich hiermit besonders bestätigt wissen.«

In vielen Fällen beinhaltet auch *Selbstironie* Aufwertungstendenzen. So etwa, wenn einer zum Gaudium seiner Zuhörer von ganzen Serien eigener Fehlleistungen und Unglücksfälle erzählt. Mit dieser Taktik erreicht er vielerlei:

- Er hat die Lacher auf seiner Seite: »Dieser Mann hat Humor« (und wer möchte nicht als humorvoller Mensch gelten?);
- er wird wegen seiner Offenheit bewundert;
- er wird wegen seines scheinbaren Mangels an Eitelkeit bestaunt, ist er doch »ein richtiger Mann, der über sich selbst lachen kann«.

Daneben existiert freilich auch der seltene Fall, daß jemand über genügend Selbstbewußtsein verfügt, um über seine Schwächen witzeln zu können, weil er weiß, daß er in der Summe seiner Eigenschaften dennoch all den anderen überlegen ist. Aber selbst große und bedeutende Männer und Frauen verfügen nur ganz selten über genügend Format, um über sich selbst lachen zu können oder gar anderen zu erlauben, sich über sie lustig zu machen. Im Gegenteil! Traditionell führen Menschen, die in eine absolute Machtposition geraten, als erste Maßnahme eine Zensur ein, um kritische oder abschätzige Äußerungen zu unterdrücken oder zu bestrafen.

Vorsicht auch bei demonstrativer *Bescheidenheit.* Natürlich gibt es eine philosophische Bescheidenheit, eine bewundernswerte Selbstgenügsamkeit: Der betreffende Mensch hat an sich selbst soviel Freude, daß er auf viele der für andere unerläßlichen Äußerlichkeiten verzichten kann. Er ist froh über das, was er nicht braucht.

Bescheidenheit kann aber auch zur Maske werden und trägt dann oft sehr überzeugende Maskeraden:

- »Ich bin es nur«, sagt der Bescheidene an der Tür, besucht er Freunde. Aber wehe, würde er so behandelt, wie er sich gibt!
- Hinter Bescheidenheit verbirgt sich die Hoffnung, der andere möge und werde bald entdecken, wie wundervoll man ist.
- »Ach, ich bin ja nur ein Winzling auf diesem Gebiet...« – Eine Taktik, mit ganz bescheidenem Köder einen großen Fisch zu fangen.
- »Ich möchte nicht davon (von meinen guten Taten und Seiten) sprechen...« Formulierungen wie diese sind die sicherste Art, die anderen wahre Lobeshymnen über den Bescheidenen anstimmen zu lassen.

Bescheidenheit kann (und wird bei klugen Menschen) eine Form der Demut sein. Da sitzt jemand einem großen Fachmann gegenüber und beschränkt sich aufs Zuhören und aufs Fragen. Wie könnte er die Zeit, die ihm der andere schenkt, fruchtbarer ausnützen?

Doch manchmal spielt der Kluge Bescheidenheit, um

Menschen, die weniger Verstand, Wissen oder materielle Werte als er besitzen, nicht in ihrer Eitelkeit zu kränken oder, was schlimmer wäre, sie zur Habsucht zu reizen. Durch seine Bescheidenheit entschuldigt er sich dafür, daß er besser davongekommen ist als die vielen anderen.

Echte Bescheidenheit ist gewiß eine Tugend, aber sie ist so selten wie alle Tugenden. Meist ist Bescheidenheit nichts als Berechnung, die Berechnung eines Menschen, der andere beeinflussen will.

Masken der Herabsetzungstendenz

Kein Zweifel: der Überlegene braucht in seinem Verhältnis zum Unterlegenen weniger Angst zu haben. Er kann sich sicherer fühlen, und deswegen fühlt er sich wohler. Weil aber jedes Lebewesen Wohlbehagen anstrebt und Unbehagen zu fliehen versucht, bemüht es sich, soweit es seinen Standort frei wählen kann, um Überlegenheit.

Überlegenheit kann naturgegeben, aber auch das Ergebnis von Anstrengungen sein (Training, bessere Ausbildung, höhere Leistung). Sehr früh lernt der Säugling, daß er durch ein bestimmtes Verhalten mehr Aufmerksamkeit erreicht. Schreit er kräftig, liegt er kurz darauf angenehm weich an der Mutterbrust. Ebenso weiß der kleine Hund, der sich vor einem Menschen auf den Rücken legt, daß sich nun bald angenehme Empfindungen in der Bauchgegend einstellen werden (kraulende Finger).

Wirft ein Kind einem anderen etwas vor, sagt es zum Beispiel: »Du lügst!« – so antwortet das andere sofort mit einem Gegenangriff: »Du lügst!« Wer dem anderen einen Vorwurf machen kann, fühlt sich überlegen. Das darf der Angegriffene nicht zulassen, also schlägt er mit einem Gegenangriff zurück. Als wir in unser neues Haus zogen, kam der damals vierjährige Junge der Nachbarn herüber, schaute sich auf unserem Grundstück um und sagte zu unserer dreijährigen Tochter: »Wir haben einen Swimmingpool!« – »Und wir haben Blumenkohl!«

Bestimmt hatte unsere Tochter keine Vorstellung, was ein Swimmingpool ist, und genausowenig wußte sie, daß Leute mit einem Swimmingpool »etwas Besseres« sind. Aber ihr Sicherheitsbedürfnis duldete nicht, daß der wildfremde Bub von jenseits des Zaunes etwas besitzen sollte, dem sie nichts Gleichwertiges entgegenzustellen hatte. Der Vierjährige reagierte ganz verdutzt auf die prompte Antwort des Dreikäsehochs, wurde ein lieber Spielkamerad, aber nie ein Tyrann, der seine körperliche Überlegenheit ausgenützt hätte.

Ungleichheit zwischen zwei Personen kann dadurch neutralisiert werden, daß sich der Leichtere Gewicht zulegt und daß der Schwere Gewicht abgibt. Zieht jemand, der sich unterlegen fühlt, den oben Stehenden zu sich herunter, befinden sich beide in seinen Augen auf gleichem Niveau. Diese Herabsetzungstendenz spielt vor allem dann eine Rolle, wenn sich jemand unterlegen fühlt. Fühlen sich dagegen zwei gleichwertig, trachtet gern derjenige mit dem schwächer entwickelten Ego nach Überlegenheit durch Selbstaufwertung.

Selbst *Orgasmusschwierigkeiten, Frigidität, Erektionsschwäche* oder *vorzeitiger Samenerguß* können in letzter Instanz Maskeraden der Herabsetzungstendenz sein. In diesen Fällen drückt das neurovegetative Nervensystem die wahre Meinung des Individuums aus. Dabei will meist unbewußt das Individuum dem anderen zeigen: »Du gibst dich und giltst bei deinen (ahnungslosen) Freunden und Freundinnen sogar als der große Liebhaber oder als die große Liebhaberin und bist nicht einmal in der Lage, bei mir Gefühle oder gar einen Orgasmus oder eine Erektion hervorzurufen. Jetzt siehst du selber, was du als Liebhaber oder als Liebhaberin wert bist. Rein gar nichts!«

Weniger kompliziert liegen die Verhältnisse beim *Kritikaster.* Ein Beispiel: Chef A, gelernter Kaufmann, ist ein Meister der Formulierungskunst, versteht aber reichlich wenig von Chemie und Pharmazie, obgleich er der Eigentümer einer pharmazeutischen Firma ist. Reicht ihm sein naturwissenschaftlich ausgebildeter Direktor ein Schriftstück, nimmt er es entgegen und beginnt zu lesen. Reicht ihm sein kaufmännischer Direktor ein Schriftstück, greift der Chef sofort (unbewußt) zum Rotstift. Die Eigenliebe des Chefs steht nicht in Konkurrenz mit der Eigenliebe des naturwissenschaftlichen Direktors. Dieser Mann ist Arzt und Apotheker. Mit dem Wissen eines solchen Naturwissenschaftlers braucht die Eigenliebe eines Kaufmanns nicht zu konkurrieren. Schließlich ist man als Multimillionär in der Lage, sich solches Wissen durch einen Arbeitsvertrag ins Haus zu holen. Dagegen steht sein Wissen als Kaufmann in Konkurrenz zum Wissen seines kaufmännischen Direktors. Wäre es nicht eine Schande, wenn dieser Angestellte einmal eine bessere Lösung oder auch nur eine bessere Formulierung finden sollte? Das darf nicht sein. Da der kaufmännische Direktor aber wirklich sehr oft einwandfreie Arbeit leistet, korrigiert sein Chef irgend etwas darin, wahrscheinlich getrieben von der Vorstellung, daß etwas nur dann perfekt sein darf, wenn er es verbessert hat.

So finden viele innerlich unsichere Menschen zum Beispiel am Essen etwas auszusetzen, um dadurch der Köchin, der eigenen Frau oder Freundin gegenüber kein Gefühl der Unterlegenheit selbst auf einem Gebiet aufkommen zu lassen, wo es wirklich schwer ist zu streiten. Und sollte die Zubereitung ausnahmsweise perfekt sein, dann könnte die Speise etwas weniger heiß oder kalt gereicht werden. Bleiben wir bei dem so beliebten Thema der Kochkünste. Sicherlich liegt auch den Ausführungen, wie man eine bestimmte Speise noch zubereiten könne, vor allem aber, wie man sie selbst zubereiten würde, ebenfalls Abwertungstendenz zugrunde.

Wenige Themen eignen sich besser zum Ausleben der Abwertungstendenz als Gespräche über Autos. Die Gründe, weswegen Herr A einer bestimmten Automarke den Vorzug gibt, enthalten meist Kritik an jener Marke, die sein Gesprächspartner bevorzugt. Und da der sich damit identifiziert, wird somit sein Urteilsvermögen, zumindest was Autos anbelangt, herabgesetzt.

Wer mir auf der Straße die Zunge herausstreckt oder den Vogel zeigt, beweist mir eindringlich, was er von mir hält: »Du kannst noch so lange hinter dem Steuer sitzen, verglichen mit mir bis du ein trauriger Anfänger.« Überhaupt bedeutet jede Art von *Rüpelhaftigkeit* eine Herabsetzung. Kein Verliebter käme zum ersten Rendezvous unrasiert. Hat er aber die Gunst seines Mädchens einige Male genossen und ist sich ihrer Ergebenheit sicher, kann es durchaus vorkommen, daß er ungewaschen und unrasiert auftritt. »Sie muß mich nehmen, wie ich bin ...« Tatsächlich sind Rüpelhaftigkeiten oft der Anfang vom Ende einer Liebesbeziehung. Erst neulich begründete ein Patient den Beginn seiner Abneigung zu seiner Frau mit den Worten: »Sie wäscht sich nicht einmal die Hände, wenn sie auf der Toilette war.«

Und er? Zuerst erschien er wie aus dem Ei gepellt. Dann zum erstenmal mit einem verschwitzten Hemd. Dann mit einem verschwitzten Hemd und unrasiert. Und so weiter.

WINSTON CHURCHILLS Kammerdiener überlieferte, daß

sein Chef, sooft er zur jungen Königin ELISABETH zur Berichterstattung mußte – der Premierminister erscheint gewöhnlich einmal in der Woche zur Teezeit im Buckingham-Palast zum Vortrag –, seine Kleidung kurz zuvor in Unordnung zu bringen pflegte. Entweder öffnete er einen Knopf seiner Weste, oder er streute Zigarrenasche auf den Anzug, oder er öffnete den Knoten seiner Krawatte. Einmal erwischte ihn der Kammerdiener, wie er sich einen Knopf an der Weste abdrehte. Was wollte Churchill damit zum Ausdruck bringen! »Damit es ja keine Unklarheiten gibt, Majestät: Das Genie bin ich. Ihr seid die Königin, weil Euer Vater ein König und Eure Mutter eine Königin waren. Ich respektiere Euch als für die britische Monarchie bedeutsame Institution. Aber nochmals: wenngleich ich bei Euch zum Rapport zu erscheinen habe, der Wichtigere von uns beiden bin ich.«

Unpünktlichkeit ist eine Ungehörigkeit, die viele Ursachen hat. An die Herabsetzungstendenz ist zunächst zu denken. Daneben gibt es Menschen, die ihren Zeitbedarf dauernd falsch einschätzen. Doch hinter der Maske: »Es tut mir ja so leid, daß ich mich verspätet habe« liegt sehr häufig auch der bloße Wunsch, Aufmerksamkeit zu erregen, also sich selbst zu erhöhen. Nicht ohne ironischen Beigeschmack sagt der Volksmund: »Je später die Stunde, um so schöner (bedeutender) die Gäste.« Wer auftritt, wenn schon alle zu Tisch sitzen, fällt bestimmt mehr auf als jener, der als einer von vielen bei der gemeinsamen Ankunft der Gäste erscheint. Der Verspätete kann sogar damit rechnen, daß er nach dem Grund für seine Unpünktlichkeit gefragt wird. Kann er dann von einem schweren Unfall, der sich soeben bei seiner Anreise zugetragen hat, sprechen oder ein enorm wichtiges Telefonat aus Tokio oder Buenos Aires erwähnen, auf das er unbedingt warten mußte, dann darf er sicher sein, wenigstens für kurze Zeit im Mittelpunkt zu stehen.

Wer aber wirklich bedeutend ist, braucht seinen Rang nicht durch solche Maskenspiele des anscheinend mit Wichtigerem beschäftigten Zustpätkommenden herauszustreichen. »Pünktlichkeit ist die Höflichkeit der Könige«, heißt es nicht umsonst.

Seit eh und je pflegt der Obere den Unteren warten zu lassen, nicht aber umgekehrt.

Stellen Sie sich vor, eine für Sie sehr bedeutsame Person (Ihre neue Geliebte, Ihr Chef, Ihr bester Freund, Ihr Hausherr) bittet Sie um eine Gefälligkeit. Natürlich freuen Sie sich, diesem Menschen einen Gefallen erweisen zu können. Werden Sie dies *vergessen?* Wahrscheinlich nicht. Im Gegenteil. Sie werden planen, wie Sie zeitlich am besten vorgehen können.

Nun bittet Sie aber ein Herr X um eine Gefälligkeit, sagen wir darum, sich zu erkundigen, wann der neue Fahrplan in Kraft tritt. Kein Wunder, wenn Sie den Auftrag vergessen. Zwar wollen Sie Herrn X nicht mit Mißachtung strafen. Aber er hat Ihnen schon immer wenig bedeutet und bedeutet Ihnen auch weiterhin nichts, so daß es schon eines Zufalls bedürfte, daß Sie an seine Sorgen mit dem neuen Fahrplan dächten.

Die Herabsetzungstendenz kann sich auch als *Zeitmangel* maskieren: Zunächst hatte *sie* für *ihn* unbegrenzt Zeit. Es gab nichts in seinem Leben, wofür sie nicht Zeit, Augen, Ohren und ein Herz besaß. Dann wurde er ihr immer gleichgültiger, glaubte aber, für sie noch den alten Stellenwert zu besitzen. Nach und nach wurde ihre Zeit knapper. Immer häufiger mußte er zum Beispiel am Telefon hören: »Du, ich muß jetzt aufhängen, ich habe das und jenes zu tun ...« Oder: »Ich würde dich ja heute abend schrecklich gern sehen, aber ...« Hören Sie nicht auch schon das Totenglöckchen für diese Liebe läuten?

Mit Herabsetzungstendenzen sehen sich häufig auch Therapeuten konfrontiert, so, wenn der Patient schon vor der Behandlung sagt: »Ich bin sicher, daß auch Sie mir nicht helfen können.«

Gemeint ist hierbei nicht etwa ein unheilbares Leiden im Endstadium, sondern das Messen der Kräfte mit dem Therapeuten: »Sie werden doch nicht glauben, daß Sie ein so großer Mann sind, um etwas an mir ändern zu können. Das haben schon ganz andere als Sie versucht.«

Manchmal ist gegen diese Herabsetzungstendenz nur dadurch etwas auszurichten, daß man den Spieß umdreht. Man schickt den überheblichen Zweifler wieder fort, weil man ihm Zeit und Geld sparen helfen möchte ... Kommt er dann ein zweites Mal, ist er wenigstens schon von einer seiner Beschwerden kuriert, nämlich von der Absicht, niemanden hinter seine Masken schauen zu lassen.

Masken der Erpressung

Es gibt zwei Möglichkeiten, aus seinen Schwächen Stärken zu machen:

- Da ist zunächst die Möglichkeit der Kompensation. Ein Beispiel: Einer der erfolgreichsten Verkäufer, denen ich je begegnet bin, litt in seiner Jugend an Kontaktschwäche. Im Bewußtsein dieses Mangels entwickelte er ein eigenes System der Kontaktaufnahme, baute es in Richtung auf Verkaufstechniken aus und wurde vielfacher Millionär.
- Im zweiten Falle erpreßt der Schwache den Stärkeren mit wirklicher oder vorgespielter Schwäche nach der

Devise: Wenn du das und das nicht tust, dann wirst du mit mir Schwierigkeiten bekommen.

Die Erpressung einem Stärkeren gegenüber übt bereits das Kind in den Windeln. Es fühlt sich nicht wohl und drückt seine Seelenverfassung durch Schreien aus. Das Schreien bereitet der Bezugsperson Unbehagen, und sie nimmt das Baby in den Arm. Das Kind schreit weiter. Nun bietet sie ihm eine andere Art der Abwechslung, zum Beispiel den Anblick eines sich bewegenden Gegenstandes. Ohne Erfolg. Hierauf wiegt die Bezugsperson das Kind im Arm. Nun gibt es Ruhe. Natürlich hätte die Mutter dieses Ziel auch erst durch die Verabreichung von Nahrung erreichen können. Auf alle Fälle wurde das Kind Mittelpunkt und fühlte sich nun wohl. Durch Widerholung solchen Verhaltens lernt es, daß es mit Schreien etwas ertrotzen kann.

Bettnässen wird als »Weinen mit der Blase« definiert. Das Kind drückt seinen Protest gegen die Erwachsenen aus, so als wollte es sagen: »Schaut her, ich bin im Grunde ja noch so schwach wie ein Baby, und trotzdem verlangt ihr von mir das Benehmen eines kleinen Erwachsenen.« Oder: »Ich will nicht mehr mein Bett mit einem Geschwister teilen. Lieber mache ich es Nacht für Nacht naß.« Oder: »Wieviel Aufhebens ihr Erwachsenen mit dem neuen Brüderchen macht, das ist wirklich ein Skandal, der mich zum Protest (mittels meiner Blase) veranlaßt.«

Kinder, die auf sich aufmerksam machen wollen, können auch ganz unbewußt in ein konträres Verhalten flüchten: sie bekommen eine Verstopfung, die so dramatische Formen annehmen kann, daß ein Arzt hinzugezogen werden muß. Nun ist für das Kind das Gleichgewicht wiederhergestellt: Die Eltern umstehen mit besorgter Miene sein Bett und kümmern sich einmal ausnahmsweise nicht nur um das Zuletztgeborene.

Sobald das Kleinkind anfängt, seine Eigenpersönlichkeit zu entdecken, entdeckt der Erzieher *»Trotzreaktionen«*. Trotzreaktionen repräsentieren Kampf um Macht. Wer gewinnt bei meinem Schreien und Toben, bei meinem Schluchzen und Schmollen, du oder ich?

Fängt ein schulpflichtiges Kind zu *stottern* an, denkt der Psychologe ebenfalls an eine Protestaktion: »Schaut her, ihr verlangt von mir schulische Leistungen, die ich wirklich nicht erbringen kann. Ich vermag ja nicht einmal einen ganzen Satz auszusprechen, ohne einige Male hängenzubleiben. Es ist ungerecht, von mir Leistungen zu verlangen, nur weil ihr stolze Eltern sein wollt!«

Bei nicht wenigen Kindern äußert sich der Machtkampf mit den Eltern in einem krassen *Nachlassen der schulischen Leistungen.* Die Eltern treiben das Kind zur Arbeit an und geben täglich einige Male zu verstehen, wie sehr ihr Herz an guten schulischen Leistungen hängt. Ein deutlicher Hinweis für das Kind, wie tief es seine Eltern trifft, wenn es ihren Erwartungen nicht entspricht. Und prompt sinken die Leistungen. Nun beschäftigen sich die Eltern noch mehr mit dem Kind, bitten, betteln, drohen, halten Familienkonferenzen ab. Der kleine Mensch hat – unbewußt – erreicht, was ihm vorschwebte: Er ist zum Mittelpunkt geworden und genießt die Macht über seine Erzeuger.

Mittelpunkt zu werden ist auch über eine *krankhafte Magersucht,* die *Anorexia nervosa,* möglich. In der ausgeprägten Form beschäftigen sich dann sogar Klinkchefs mit der Zwangsernährung des armen Wesens. In meiner psychotherapeutischen Praxis habe ich bereits einige Male – aus reiner Verzweiflung über meine Hilflosigkeit in solchen Fällen – eine völlig unorthodoxe Behandlung versucht: Ich gab der Patientin zu verstehen, daß sie ein hübsches Menschenkind sein könnte, daß sie aber jetzt durch ihr Eßverhalten so häßlich geworden sei, daß es ein Gewinn für die Menschheit wäre, wenn sie verhungerte. Natürlich wußte ich, daß es so weit nie kommen konnte, da Zwangsernährung immer noch möglich war. Davon aber sprach ich nicht. Resultat: Die Patientin sah nach und nach die Zwecklosigkeit ihres Erpressungsversuches ein und gab ihr krankhaftes Eßverhalten auf.

Als Protest gegen die Schule flüchten manchmal Kinder in sogenannte *Schulkrankheiten.* Der Arzt findet nur Symptome, keine Ursachen, aber das Kind hat erreicht, was sein Unbewußtes wollte, nämlich die Schule nicht besuchen zu müssen, wo ihm ein verhaßter Zwang auferlegt worden wäre. Aber nicht nur die Kinder erpressen die Eltern. Auch der umgekehrte Weg wird gern begangen, sobald die Kinder größer werden. Dann nämlich versuchen viele Eltern, ihre Kinder mit Appellen an die *Dankbarkeit* zu erpressen. Das Kind ist flügge geworden und geht nun seine eigenen Wege. Das darf nicht sein. Also erinnern die Eltern das Kind nun daran, was es ihnen alles zu verdanken hat. Dabei wissen solche Eltern nur selten eine plausible Antwort auf die Frage, warum sie dieses Kind überhaupt in die Welt gesetzt haben. Und völlig entsetzt wären sie, würde ihnen das Kind hiezu die Wahrheit sagen:

- Ich bin auf dieser Welt, weil ihr miteinander schlafen wolltet und dabei nicht aufgepaßt habt.
- Ich bin auf der Welt, weil *ihr* wie die meisten Eltern, *euch* ein Kind gewünscht habt und weil *eurer* Ansicht nach zu einer Ehe auch Kinder gehören.
- Ich bin jedoch nicht auf dieser Welt, weil *ich* es ausdrücklich *gewünscht* hätte oder weil ihr *mir* einen Gefallen erweisen wolltet.

Die Maskeraden der *Flucht in die Krankheit* werden noch einen eigenen Abschnitt in diesem Buch füllen; darum will ich mich zunächst, stellvertretend für ihre Vielfalt, hier nur mit einer Form der Flucht ins Leiden beschäftigen: der *Migräne.* Migräne hat viele Ursachen, aber unabhängig von Einzelerscheinungen existiert die »Migränepersönlichkeit«, ein Individuum, das von sich zuviel verlangt, das es allen recht machen, aber im Mittelpunkt stehen will.

Die Wohnung ist nicht so aufgeräumt, wie sie sein sollte. Allein die Vorstellung, daß nun ein Besucher kommen und die Hausfrau bei einer Schwäche erwischen könnte, vermag einen Migräneanfall auszulösen. Jeder Arzt kennt den Begriff der »Sonntagsmigräne«: Da bleibt eine Frau länger als üblich im Bett. Wenn nun aber ein Besucher käme und fände die Unordnung von der gestrigen Party vor? – Grund genug für einen Anfall! Übrigens, darf eine vorbildliche Hausfrau überhaupt so lange im Bett bleiben, selbst an einem freien Tag?

Natürlich erklären diese mageren Fallbeispiele nicht alle Formen der Auslösung der Migräne, so zum Beispiel nicht die intestinale Migräne, die hormonell bedingte (etwa vor der Menstruation) und andere Erscheinungsbilder. Aber warum löst eine bestimmte Speise, ein bestimmtes Getränk einmal eine Migräne aus, ein anderes Mal nicht? Innerhalb eines bestimmten Lebensabschnittes menstruiert jede Frau, warum die eine mit Migräneanfällen, die andere ohne?

An Migräne zu leiden, ist keine Schande, ist vielmehr so standesgemäß, wie über Streß oder Bandscheibenbeschwerden zu klagen. Keineswegs soll folgender Fall für jede Migränepersönlichkeit stehen. Er will aber demonstrieren, wie unbewußte Flucht in die Krankheit zur Maske werden kann (nicht muß), hinter der sich der Wille zur Macht verbirgt.

Ich kenne eine Familie, in der die Frau eine Art Dienstmädchenrolle spielt, obwohl sie glaubt, ein besseres Leben verdient zu haben. Von Zeit zu Zeit erleidet sie einen schweren Migräneanfall. Dann schleicht selbst der Rowdy der Familie, der Sohn, auf Zehenspitzen durchs Haus und flüstert schon an der Haustüre jedem Besucher entgegen: »Pst, leise! Mutti hat ihre Migräne.« Der Ehemann, ein Bauunternehmer, muß zur Kundenpflege abends oft ausgehen, während seine Frau lieber – auch im migränefreien Intervall – zu Hause bliebe. Liegt sie nun wieder einmal mit ihren Schmerzen unter der Bettdecke, spielt sich folgender Dialog ab:

»Ich weiß, du mußt ausgehen, und ich ginge ja gerne mit, aber meine Schmerzen.«

»Ist es wieder so schlimm?«

»Ich wünsche sie nicht einmal meiner größten Feindin. Aber du kannst dir das nicht vorstellen.«

»Natürlich kann ich mir das vorstellen.«

»Erlaube, daß ich das bezweifle.«

Inzwischen ist er etwas unruhig geworden und geht im Zimmer auf und ab.

»Könntest du bitte stehenbleiben? Jede Erschütterung meines Bettes durch deine Schritte schmerzt mich. Wenn du auf und ab laufen mußt, dann bitte woanders.«

Nun weiß er endlich, daß er ein herzloser Egoist ist, und drückt sich aus dem Schlafzimmer und schleicht auf Zehenspitzen die Treppe hinab: schuldbewußt!

Schon kleinen Mädchen wird oft eingeredet, daß sie schwächer seien als Buben und daß sie dies und jenes nicht könnten und nicht dürften, was eine Art Vorrecht des männlichen Geschlechts sei. Auch heute noch! Dafür rächen sich dann viele Frauen oft ein Leben lang mit echter oder gespielter *Hilflosigkeit.*

Eine Hannoveranerin, eine Vertreterin im Alter von etwa vierzig Jahren – übrigens keineswegs besonders gutaussehend – wettete, daß sie in ein abgelegenes Dorf des Bayerischen Waldes mit einem schweren Koffer reisen könne, ohne diesen auch nur ein einziges Mal zu tragen. Ihr Freund brachte sie zum Zug und verstaute den Koffer im Gepäcknetz. Und wirklich, bei jedem Umsteigen fand sie dann einen Kavalier der ihr den Koffer trug. Sie gewann die Wette – anno 1987!

Eine beliebte und gefährliche Maske, um Schwäche in Stärke zu verwandeln und dadurch zu herrschen, ja zu erpressen, ist das Androhen von Schwierigkeiten: »Wenn du das tust oder jenes nicht machst, begehe ich *Selbstmord!«* Der Appell, der hinter einer solchen Androhung steckt will aussagen: »Schau her, in welchen Zustand der Verzweiflung du mich durch deine Herzlosigkeit gebracht hast!«

Während der entschlossene Selbstmörder alles tut, um nicht mehr gerettet zu werden (im Gegenteil – es graut ihm vor dem Gedanken an eine »Rettung«), richten Erpresser ihr Vorhaben so ein, daß sie zwangsläufig gerettet werden.

Nicht mit leiblichen, wohl aber mit gesellschaftlichem Selbstmord drohen gelegentlich Mädchen, wenn sie ihren Willen durchsetzen wollen und dabei den fassungslosen Eltern androhen, sie würden auf den Strich gehen, sollte ihnen in dem und jenem Punkt nicht nachgegeben werden.

Zu beliebten Weichmachern aber zählt auch die Drohung: *»Ich verlasse dich.«* Eine Bekannte »verließ« schon seit Jahren ihren Ehemann auf diese Art. Die Komödie hörte erst auf, als er bei einer erneuten Androhung mit drei, vier Koffern ins Schlafzimmer stürmte, alle Habseligkeiten seiner Frau wütend hineinstopfte, die Gepäckstücke verschloß und die Treppe hinuntersegeln ließ. Sie ist heute noch bei ihm.

Der *Spielverderber* fühlt sich aus irgendeinem Grund aus dem Mittelpunkt des Geschehens gehievt, was er nicht dulden kann und weswegen er sich durch Schmollen, Kritik oder andere Störungsversuche wieder in den Mittelpunkt zurückzuversetzen sucht. Im Kampf um die Macht flüchten sich viele Menschen auch in vorwurfsvolles *Schweigen,* vor allem dann, wenn sie es mit Partnern zu tun haben, die redselig sind und unter dem Zwang zum Schweigen leiden. Die Wirkung der Maskerade wird durch das Aufsetzen von *Leidensmienen* verstärkt, und bei einer weiteren Eskalation des Konflikts verrät ein wütendes Gesicht, daß es jeden Augenblick zu explosionsartigen Entladungen mit Tobsuchtsanfällen, Schreikrämpfen oder Zertrümmerung der Wohnungseinrichtung kommen kann.

Die Maskeraden der Macht

Der Machtorientierte weiß: Nur so lange hat er Macht über andere, wie diese an seine Macht glauben. Selbst eine heute noch gefürchtete Geheimpolizei, die Miliz oder das Militär einer Diktatur wären morgen entmachtet, würden alle Bürger schlagartig nicht mehr an ihre Macht glauben. Auch die Waffengewalt steht auf Dauer nur dem zu Gebote, der Macht glaubhaft darstellt. So funktionieren die Mechanismen der Macht. Innerhalb weniger Revolutionstage brach 1917 in Rußland die Macht nicht nur des Zarismus, sondern auch der Bankiers zusammen – und obendrein die der Kapitalgeber im fernen Paris oder London.

Die bewußte oder unbewußte Angst des Machtorientierten würde sich so artikulieren: »Weh mir, wenn ich anders eingeschätzt werden sollte, als ich eingeschätzt werden will!« Um etwaige Blößen zu verdecken und um vorhandene Stärken zu überhöhen, greift der Machtorientierte zur Maskerade.

Besitzt der *Machtorientierte* erst einmal Einfluß, wird er *konservativ,* auch – und gerade – wenn er nicht durch einen demokratischen Vorgang, sondern durch Revolution und Umsturz an die Macht gelangt gelangt ist. So ließ ein Putschist, der erst vor kurzem die vorherige Regierung gestürzt hatte, seine möglichen Konkurrenten wissen, er werde sie sofort hinrichten lassen, wenn sie auch nur eine einzige derjenigen Maßnahmen ergreifen sollten, die ihn selbst an die Macht gebracht hatten.

Machtbewußtsein heißt Rollenbewußtsein. Mehr als ein anderes Streben verlangt der Wunsch nach Machterhaltung oder Machterhöhung bestimmt Rollen. »Was erfordert diese Rolle von mir?« Das ist die beständige Frage des Machtorientierten. Macht darf sich nicht gehen lassen – und der Mächtige ebensowenig. So wird sich ein *Bankier konservativ-englisch* kleiden, schlicht aber teuer. Die Kleidung soll fern jeglicher Extravaganz sein, ähnlich den Bankgeschäften, die am besten auf solider Grundlage gedeihen.

Die *Rolle eines Modepapstes* hingegen fordert den *Mut zur Extravaganz* heraus, verlangt er doch den gleichen Mut auch von den Pionieren und Trägerinnen seiner Kreationen. Auch Menschen, die sich um ihre Bedeutung verkannt sehen, greifen gern zu *modischer Extravaganz.* Damit produzieren sie jenen Scheinwerfereffekt, den sie bisher vermißt haben: Die Aufmerksamkeit anderer richtet sich auf sie. Diese Extravaganz kann ebenso in avantgardistischem Modegehorsam liegen wie im provozierenden Punker-Look.

Wer sich *apart kleidet,* will, wie das Wort sagt, *à part* sein, also abseits der anderen, nicht ein Teil von ihnen, sondern jemand Besonderer. Apart erscheinen heißt auch elegant sein, und elegant stammt von dem lateinischen Wort für »auswählen«.

Betont einfache Kleidung bedeutet nicht immer, daß sich darunter ein bescheidener Mensch verberge. Mit der schlichten Kutte manch eines Mönches oder der einfachen Uniform vieler Diktatoren verkleiden sich leidenschaftlichste Machtansprüche: »Schaut her, wie schlicht ich bin! Einer von euch. Ich verlange mir viel ab – aber ich verlange nichts für mich selbst. Das erwarte ich auch von euch! Es kommt mir nicht auf das Äußere an, sondern es geht um geistige, um moralische Ziele!«

Ähnlich doppelbödig kann auch aufwendiges *Konsumverhalten* sein. Aus Gründen der Imagepflege entscheidet sich mancher Machtorientierte für das Motto: »Das Beste ist gerade gut genug für mich!« Wer sich öffentlich so verhält, kann sicher sein, daß er auf Beifall ebenso wie auf Ablehnung stößt. Nicht anders ergeht es aber dem, der sich mit Anspruchslosigkeit maskiert. Es kommt immer darauf an, die für die Machterhaltung gerade richtige Maskierung zu wählen und ihre Wirkung sicher zu kalkulieren. Arbeiter würden es zum Beispiel ihren Gewerkschaftsfunktionären nicht verzeihen, führen diese mit dem Fahrrad zu Tarifverhandlungen. Daß JIMMY CARTER seinen Amtsgeschäften als Präsident der USA in Jeans und Pullover nachging, kostete ihm auch im Land der Hemdsärmeligkeit viele Sympathien.

Stellen Sie sich einen Augenblick lang die Muskelpakete eines Ringers oder eines Schwergewichtsboxers vor. Und daneben die vergleichsweise schmächtige Gestalt eines Golf- oder Tennisspielers. Sind diese Muskeln nicht eindeutige Signale von Gewalt- und Machtausübung? Nein, Kraft mögen sie signalisieren, nicht aber Macht. Ringen und Boxen sind keine Hobbys für Machtorientierte, sondern für Menschen, die sich den Erfolg mühsam erkämpfen und ihren Lohn mit der Mafia der Macht teilen müssen. Ein Machtbewußter *golft* oder *spielt Tennis,* hat ein *Segelboot* auf einem der größeren Seen oder am Meer liegen. Vortrefflich steht ihm die Mütze des Freizeitkapitäns, gut sieht er aus, wenn er im weißen Dreß über den Parkplatz vor dem Tennisklub geht, und seine Golfutensilien in einer Ecke der Eintrittshalle seines Hauses oder auf dem Rücksitz seines Wagens fördern sein Image spürbar. Der Hinweis darauf, daß man sich eine Jagd leisten kann, betont den Anspruch auf Machterhöhung oder Machterhaltung. Äußere Signale sind *Waffen* im Wohnzimmerschrank, *Trophäen* oder Bilder an der Wand, die den Hausherrn auf dem Schädel eines Elefanten, eines Büffels oder eines Löwen sitzend zeigen; vielleicht hält er auch das Geweih eines kapitalen Karpatenhirsches empor.

Auf dem Grundstück einer »Herrschaft«, also jener, die herrschen, rennt natürlich kein x-beliebiger *Hund* herum, sondern ein edles Tier von Rasse, mit Stammbaum. Gut nimmt sich ein *Pferde*stall aus, zur Not tut's ein Pony für die Kinder. Sicherer Mittelpunkt wird man ganz bestimmt als »Herrchen« eines Affen oder eines exotischen, *gefährlichen Raubtieres,* beispielsweise eines Wolfs, Pumas, Löwen oder Tigers. Gesicherte Macht strömt Ruhe aus, daher rauchen Machtorientierte auch gern *Pfeife* oder bevorzugen *Zigarren:* Man denke nur an das typische, oft karikierte Erscheinungsbild des Machtbetonten, Zigarre rauchenden Generaldirektors; man denke insbesondere auch an WINSTON CHURCHILL.

Der Machtorientierte fährt einen soliden, einen teueren *Wagen,* aber keinen Exoten, hat vielleicht daneben auch noch ein Spezialfahrzeug für Jagd und Berge. Seiner Frau steht gut ein Damenauto, dessen Farbe sich mit Teint und Haar verträgt.

Repräsentativ sind *Haus und Einrichtung.* Ein kleiner Park ist allemal gefälliger als ein schlichter Garten, womöglich noch mit Gemüseanbau, und sei das gekaufte Grünzeug noch so schadstoffverseucht. Bereits der Vorgarten und die Halle gelten als die Visitenkarte des Hausherrn. Die *Porträts* an den Wänden müssen nicht immer, wie oft angegeben, irgendwelche Verwandte der jetzigen Hausbesitzer darstellen.

Bibliotheken sollen verraten, wes Geistes Kind Hausherr und Hausfrau sind. Eine Enzyklopädie aus dem vergangenen Jahrhundert signalisiert, daß auch schon die Großeltern Bildung hatten. Zu viele *Bestseller,* mögen sich auch in Leder gebunden sein, lassen auf einen leichter zu befriedigenden Geschmack schließen. Einige wissenschaftliche oder kunstgeschichtliche Standardwerke sind empfehlenswert, da unverdächtig.

Übrigens, *hohe Zimmerdecken* gestalten einen Raum repräsentativer. Niedrig sollte eigentlich nur die Decke der »urgemütlichen« *Kellerbar* sein. Dort haben vielleicht noch venezianische Bodenfliesen, aber keine Marmorplatten mehr etwas zu suchen. Wenn schon, dann viel geschnitztes und gedrehtes Holz. Trotz Machtorientierung hat man ja schließlich Herz, nicht wahr?

Im *Büro* oder Arbeitszimmer des Hausherrn nehmen sich Globus, Atlanten oder Landkarten gut aus: Signale dafür, wie weltumfassend man denkt und tätig ist. Und wer es immer noch nicht glauben mag, mit welch wichtiger Persönlichkeit er es zu tun hat, dem hilft vielleicht ein *Diplom an der Wand* auf die Sprünge.

In Verse gegossenen Machtanspruch stellte FRIEDRICH SCHILLER in der ersten Strophe seiner Ballade »Der Ring des Polykrates« dar:

Er stand auf seines Daches Zinnen,
Und schaute mit vergnügten Sinnen
Auf das beherrschte Samos hin.
»Dies alles ist mir untertänig«,
Begann er zu Ägyptens König.
»Gestehe, daß ich glücklich bin.«

Ob der neureiche Diktator diese Sätze wohl hastig und mit fahrigen Bewegungen oder eher getragen und selbstbewußt gesprochen hätte? Der Mächtige bestimmt selbst über die Zeit.

Macht bewegt sich nicht wie ein Wiesel, wie ein Kunstradfahrer oder ein Jongleur. Die Wappentiere der Macht sind der Löwe und der Adler, zwei Tiere, die zwar blitzschnell angreifen können, aber auch für die *Majestät* ihrer *gelassenen Bewegungen* berühmt sind. Wenngleich sich die Majestäten früherer Zeiten »Brüder« und »Schwestern« nannten, so hielten sie doch, selbst im Familienverband, auf *Abstand,* ja, sie konnten einander seelenruhig sogar den Krieg erklären.

Der Mächtige verhaspelt sich nicht beim Sprechen. Er spricht so bedeutungsvoll und gewichtig, daß *eine* Aussage genügt, hat es nicht nötig, etwas mehrmals zu sagen und schon gar nicht hastig und stotternd. Zu ihm passen keine roten Flecken der Erregung im Gesicht oder schweißige Hände. Der Machtorientierte gibt als Ausdruck seines guten Gewissens und seiner optimistischen Lebenseinstellung an, gut zu schlafen und nicht zu wissen, was *Hektik* und *Nervosität* sind. Sein Arzt weiß es meist viel besser.

Da der Mächtige sich und seine Macht stets im Griff haben muß, darf er auch *keine allzu starken Gemütsbewegungen* zeigen. Er liebt zwar die Frauen, aber nicht »leidenschaftlich«, und er ist nie einer Frau hörig. Auch wenn er eine Nacht durchzecht hat, sitzt er morgens um acht Uhr stocknüchtern und »ganz im Dienst« an seinem Schreibtisch. Der Machtorientierte ist überhaupt immer im Dienst an seinem Image. Er zahlt oft dafür mit Beschwerden des Herzens und des Kreislaufs, vielfach auch mit einem tödlichem Herzinfarkt.

4
Die Masken der Liebe

Masken des Wunsches nach Zärtlichkeit

Säugling und Kleinkind brauchen zum Überleben und zur normalen Entwicklung die Zärtlichkeit einer Bezugsperson. Auch bei bester Ernährung gingen Äffchen ein oder wurden stark neurotisch, fehlte ihnen eine kuschelige Mutter. Fellartige Stoffpuppen vermochten einen kleinen Muttersatz vorzutäuschen, an den sich die Tiere dann klammerten.

Laktin, ein Hormon, das die Milchproduktion des weiblichen Säugetieres auslöst, ist als »Zärtlichkeitshormon« bekannt geworden. Für Ratten sind Hühnerküken eine Delikatesse. Spritzt der Verhaltensforscher einer weiblichen Ratte eine hohe Dosis Laktin, läßt sie Küken in Ruhe. Beim Menschen ist die Wirkung ähnlich. Selbst wenn eine Frau am Beginn der Schwangerschaft das Kind nicht wünscht und sich mit Abtreibungsgedanken trägt, entwikkeln sich mit dem Beginn der Laktinproduktion Gefühle der Zärtlichkeit für das junge Leben.

Nicht nur beim Menschen, sondern auch bei sehr vielen Tieren steht in frühester Jugend der Kopf in einem anderen Größenverhältnis zum Körper als beim Erwachsenen. Die »süßen« kleinen Babys, Bambis, Häschen, Kätzchen, Hündchen, Entlein und Hühnerküken haben alle einen verhältnismäßig großen Kopf. Der Anblick eines kleinen Körpers mit großem Kopf löst beim Menschen die »Kindchenreaktion« aus: das Bedürfnis zu schützen, zu pflegen, zu streicheln, kurzum, zärtlich damit umzugehen.

Ein Mensch, dem es gelingt, bei einem anderen den Wunsch nach Zärtlichkeit auszulösen, gewinnt Gewalt über diesen. Im ausgeprägten Fall wird ein Partner dem anderen hörig, wobei Zärtlichkeit auch Formen annehmen kann, die nach dem Empfinden der Mehrzahl *(eine* Definition des Begriffes »Normalität«) als abartig gelten.

Der Wunsch, Zärtlichkeit zu empfangen und zu geben, leitet sich nicht nur von den dabei entstehenden angenehmen Gefühlen ab, etwa von dem Kontakt zweier Epidermen, wie ein zynischer Franzose einmal die Liebe definiert hat. Zärtlichkeitsbedürfnis entspringt auch einer tiefen, unbewußten Sehnsucht nach Beherrschung, nach Macht. Ich beherrsche den Menschen, der sich nach meinen Zärtlichkeiten sehnt, wie umgekehrt ich an dem Menschen hänge, dessen Zärtlichkeiten ich brauche, um mich wohl zu fühlen.

Ein so starkes Bedürfnis wie jenes nach Zärtlichkeit muß natürlich vielerlei Masken aufsetzen und sich mit mancherlei Maskeraden ausstatten, zumal dieser Trieb mit einigen strengen Tabus belegt ist. Ich darf sagen, ich habe Hunger und Durst und ich bin müde und schläfrig, ich darf aber nur unter bestimmten Voraussetzungen mein Bedürfnis nach *Zärtlichkeit* äußern. Selbst wenn ich beim Partner die Bereitschaft feststelle, sich auf Zärtlichkeiten einzulassen, muß ich eine bestimmte »erotische Abfolge« berücksichtigen, also ein schrittweises Vorgehen einhalten.

Schmuser, Charmeure, Casanovas werden von einem ständigen Werbenmüssen um Zärtlichkeit geplagt. In der Mehrzahl der Fälle sind sie in dieser Hinsicht in den ersten Lebensjahren zu kurz gekommen. Sie erhielten nicht jene Zärtlichkeit, auf die sie glaubten Anspruch zu haben. Oder die Zärtlichkeit wurde ihnen oft abrupt entzogen. (»Geh weg, ich mag dich nicht mehr! Wenn du mich weiterhin so ärgerst, lauf ich fort und lasse dich allein ...«) Der so Geschädigte muß nun ein Leben lang seiner Umwelt beweisen, daß er trotz allem ein liebenswerter Mensch ist, der Zärtlichkeit verdient. Im Extremfall möchte er jeden Menschen in sich verliebt machen oder ihn wenigstens soweit bringen, daß er seine Liebenswürdigkeit (würdig, geliebt zu werden!) verdient. Das schier unerschöpfliche, obendrein billigste Mittel stellt dabei die Sprache dar, die Sprache der Zunge und die des Körpers, also das Kompliment, die schönen Augen, die körperliche Zuwendung, insgesamt eine Einstellung, die sich so charakterisieren läßt: Ich finde dich so intelligent, geistreich, interessant, hübsch, anziehend, sexy, daß ich mich in deiner Gesellschaft wohl fühle und dir in bestimmtem Rahmen sogar körperlich näherkommen möchte. – In diesem Sinn können auch zwei Männer ohne irgendeine homosexuelle Neigung in Körperkontakt treten, wie uns die Südländer immer wieder zeigen.

Die Technik der Verführung zu Erotik und zu Sex unterscheidet sich im Prinzip nicht von den Verführungskünsten all derer, die von mir etwas wollen, und sei es nur eine gute Einschaltquote im Fernsehen. *Verkäufer, Wahlredner, Leute des Showgeschäfts* verstehen es, bei den Umworbenen das Gefühl zu erwecken, sie seien so liebenswert (»ein herrliches Publikum«), daß man gar nicht anders könne, als ihnen alles zu geben, was sie glücklich macht.

Das Bedürfnis nach Zärtlichkeit kann auch zu Akten *sexueller Frühreife* führen, also zu dem Wunsch, gleich mit Eintritt der Geschlechtsreife erobern zu wollen oder sexuelle Zärtlichkeit zu empfangen. Es ist statistisch erwiesen, daß Kinder und Jugendliche mit einem nicht oder wenig erfüllten Zärtlichkeitsbedürfnis mehr *masturbieren* als ihre in dieser Hinsicht besser bedachten Altersgenossen. In der Mehrzahl der Fälle verfügt der Masturbant über eine »Vorlage«, das heißt er stellt sich bei seiner Tätigkeit bestimmte Personen vor, mit denen er Geschlechtsverkehr ausübt, also Zärtlichkeiten austauscht. *Sexuelle Perversität* steht für den Versuch, sich Zärtlichkeit auf gesellschaftlich gebannte Art zu erzwingen oder sie dem Partner aufzuzwingen. Nur der *Sadist* und der *Masochist* können mit Zärtlichkeit nichts anfangen. Der Sadist erzwingt sich den Geschlechtsverkehr ohne Zärtlichkeit. Zeigt die Frau Gefühle der Zärtlichkeit, erlischt oft sein Interesse an ihr, weswegen Frauen, die sich von einem Sadisten bedroht sehen, zu empfehlen ist, sich nicht zu wehren, sondern zu versuchen, den Gewaltmenschen zu einem Schäferstündchen zu überreden; Abwehr reizt ihn, Zärtlichkeit entmachtet ihn.

Eine Domina, eine Herrin, die Masochisten professionell schlägt, erzielt durch diese recht einfache Tätigkeit im allgemeinen ein höheres Einkommen als ihre Kolleginnen, die mit Männern Geschlechtsverkehr treiben.

Die *Homosexualität mancher emanzipierten Frau* ist nicht unbedingt nur auf eine entsprechende Veranlagung zurückzuführen, sondern kann natürlich auch die Maske ihrer gar nicht so totalen Unabhängigkeit vom Mann sein, eine Maske, die sie oft sehr schnell wieder ablegt, wenn sie den verständnisvollen Partner gefunden hat oder sich der Bisexualität zuwendet.

Auch hinter der *Aggressivität vor allem jugendlicher Verbrecher* müssen wir den Wunsch nach Zuwendung suchen. Das Bandenmitglied braucht die Anerkennung, die Zuneigung, den Respekt seiner Gruppe und erwirbt sich diese durch gefährliche kriminelle Aktionen oder eine besondere Rücksichtslosigkeit gegenüber Menschen, die solche Aktivitäten ablehnen, also nicht mit Zuwendung oder Zärtlichkeit belohnen.

Obwohl unsere Gesellschaft Fragen der Erotik so offen diskutiert, ihre Sexualität so zügellos auslebt wie selten zuvor in der Geschichte der Menschheit, ist die Einsamkeit zu einem ernsten Problem geworden, ganz besonders in der Anonymität der Städte. Menschen, die per *Annonce* nach einem Partner suchen, haben jedenfalls den Mut, ihr Bedürfnis nach Zärtlichkeit offen zu bekennen. Weit mehr aber scheuen vor diesem Schritt zurück. Wer zugeben muß, daß er nach einem Partner sucht, gesteht Schwächen ein. Der liebenswürdige, der liebenswerte Mensch verfügt über genügend Freunde und Bekannte, die sein Bedürfnis nach Zärtlichkeit stillen. Wenn ich sozusagen unverhohlen um Zärtlichkeit bitte, muß an mir also etwas Grundlegendes falsch sein. Übrigens, ist es nicht so sehr die Einsamkeit, der die Betreffenden entfliehen wollen, sondern es treibt sie die Suche nach Zärtlichkeit, die nicht immer etwas mit Sexualität zu tun haben muß. Viele der Annoncierenden sind acht Stunden am Tag – am Arbeitsplatz – alles andere als einsam. Sie sind im Straßenverkehr unter Leuten, sie haben Bekannte, aber sie haben niemanden, dem sie so viel wert sind, daß es zur Entfaltung von Zärtlichkeit reicht. Als absolut sicherer Zärtlichkeitsspender muß dann sehr oft ein *Haustier* einspringen.

Um nicht das Scheitern ihrer zwischenmenschlichen Beziehungen zugeben zu müssen, behaupten viele, sie seien *»gern allein«*. Sicherlich gibt es Menschen, die so faszinierenden Beschäftigungen nachgehen, daß sie Gesellschaft nur stören würde. Wer ein Musikstück einübt, ein Buch schreibt oder Vokabeln paukt, kann auf Zuschauer gern verzichten. Aber auch für sie kommt wieder der Augenblick, da sie sich nach Anerkennung durch Zärtlichkeit sehnen. Ob nicht Künstler, Helden, große Redner deswegen so verehrt werden, weil sie das im Überfluß erhalten, was jeder normale Mensch braucht: liebevolle Anerkennung, Zärtlichkeit?

Masken zur Partnersuche

Halten wir uns hier nicht mit jenen Masken auf, die zu durchschauen uns seit Jahrtausenden die Dramatiker des tragischen und des komischen Bühnenfachs lehren: den Verführer als Süßholzraspler; den älteren Herrn, der kleinen Mädchen die große Welt zeigt; den weltgewandten flott-leidenschaftlichen Liebhaber, entsprechend dem Herzog von Mantua aus *Rigoletto* (»Holdes Mädchen, sieh mein Leiden«) und TARTUFFE, den Wüstling im frommen Gewande.

Nicht ganz so geläufig ist die Maske der *Koketten,* jenes weiblichen Wesens, das – wie bereits dargestellt – mit der Liebe der Männer spielt, um sie sich gefügig zu machen. Hierfür mag es Gründe geben, etwa bei der Frau, die sich rächt, weil ein Mann mit ihren Gefühlen Schindluder getrieben hat: Sie ist eine beliebte Bühnengestalt, und schon im Alten Testament heißt es, keine Hölle sei mehr zu fürchten als ein verachtetes Weib. Läge bei ihr jedoch nicht die Neigung zur Koketterie vor, wie sollte sie auf die Idee kommen, sich an anderen Männern für das zu rächen, was ihr ein einziger angetan hat? Der Treibsatz der Koketterie liegt tiefer. Eine Kokette, die einer Anzahl von Männern gleichzeitig Hoffnungen macht, ohne sich mit ihnen näher abzugeben, benötigt die Bestätigung, daß sie bei Männern »ankommt«. Oft sucht sie jene Zuneigung, die ihr als Kleinkind vom Vater nicht zuteil geworden ist, entweder weil sie ihren Vater nicht kannte oder er ihren Erwartungen nicht gerecht wurde.

Koketterie kann aber auch von unbewußten Ängsten gespeist werden: so etwa, wenn sich eine Frau in ihrer gegenwärtigen Verbindung so unglücklich fühlt, daß sie mit einer Trennung rechnet. Das Gefühl, einige heiße Eisen im Feuer zu haben, beruhigt sie dann. Vielleicht wird einer Frau auch die Anerkennung seitens ihres Partners versagt. Sie fühlt sich »wie der letzte Dreck«. In diesem Fall will sich die Kokette immer wieder bestätigen lassen, daß sie »noch wer ist«, daß sie »bei den Männern noch Chancen hat«, daß sie auf ihren jetzigen Partner nicht angewiesen ist.

Auf dieser psychologischen Grundstruktur beruht auch die *Koketterie aus Eitelkeit.* Niemand ist von der Meinung der anderen so abhängig wie der eitle Mensch. Nicht zum Vergnügen liefert er sich so stark anderen aus und räumt ihnen so viel Gewalt über sich ein. Er kann gar nicht anders handeln: Er (oder sie) will von jeder Kontaktperson hören: »Aber natürlich bist du ein liebes, süßes, intelligentes, schönes Wesen«. Hörte und spürte der Mensch solche Zuwendungen als Säugling und als Kleinkind nicht in ausreichendem Maß, so wird er sich ein Leben lang bemühen, diesen inzwischen zur Neurose gewordenen Bedarf zu befriedigen.

Neben der koketten Frau existiert aber auch der *kokette Mann,* jenes Wesen, das durch besondere Liebenswürdigkeit, durch bewußtes Charmieren oder aber durch gezielte Bemerkungen oder Handlungen den Anschein der Verliebtheit erweckt, das ernsthafte Entgegenkommen der Frau aber ablehnt. Es genügt ihm, bewundert und begehrt zu werden. Der Grund hierfür liegt in vielen Fällen in einer schwach entwickelten Sexualität: der Kokette spielt mit den Frauen, weil er im Ernst mit ihnen nicht viel anfangen könnte (ganz im Gegensatz zum CASANOVA und zum DON JUAN). Oberflächliche Koketterie verpflichtet ihn nicht, den Beweis seiner Potenz antreten zu müssen, wovor er (unbewußt) Angst hat.

Ähnliche seelische Vorgänge mögen auch dem *homosexuellen Mann* den Ruf eingebracht haben, er sei im allgemeinen viel aufmerksamer, rücksichtsvoller, liebenswürdiger zu Frauen als ein heterosexueller Kollege. Er kann sich stets in den Schutz seiner Homosexualität zurückziehen.

Die Masken der Koketterie sind leicht zu durchschauen. Ein Liebender oder eine Liebende verändert ganz unbewußt das Verhalten, befindet sich der geliebte Mensch in der Nähe. Oft geschieht dies auch in dessen Abwesenheit mit Bezug auf ihn in so starkem Maße, daß selbst ein oberflächlicher Betrachter zu dem Schluß kommt: »Ein klassischer Fall von Verliebtheit!« Kokette Menschen dagegen verändern ihr Verhalten, sobald *irgendein* Mensch aufkreuzt, dessen Eroberung das Eigenwertgefühl steigern könnte. Intensiver Blickkontakt (Auge in Auge) fällt besonders auf, aber auch ein wohlwollendes Abtasten des Partners mit Blicken (zum Beispiel auf Mund, Haare, Hände) ist sehr häufig zu beobachten und wirkt bei Koketten etwas gewollt.

Kokettierende arbeiten viel mit schmachtenden Blicken. Frauen drehen dann gern die Augen »anhimmelnd« nach oben oder lassen die Augenlider fallen, bis ein sinnlicher Schlafzimmerblick entstanden ist. Manche Männer setzen ähnliche Techniken ein, entschuldigen sich dabei aber mit einem leichten Lächeln, was ihnen notfalls die Ausrede ermöglicht, das Ganze sei ja doch nur Theater gewesen. Gelegentlich blinzeln Männer auch Frauen zu, aber nicht so, wie sie vielleicht einer Prostituierten Bereitschaft signalisieren würden, sondern eher, als wollten sie Gemeinsamkeiten, zum Beispiel Sympathie füreinander, betonen. Eine besonders primitive Form der Koketterie ist der freche Blick, das heißt, der Mann starrt eine Frau an, obwohl er merkt, daß ihr diese Art von Blick unangenehm ist.

Um auf sich aufmerksam zu machen und die Rolle der Koketterie überzeugender zu spielen, wird der Kokette auch besonderes Interesse für sein Opfer vorspiegeln: lauschend zieht er die Augenbrauen zusammen oder legt andächtig die Stirne in Falten. Das Gesicht soll dann melden: »Ihnen könnte ich stundenlang zuhören.«

Der Kokette verändert vor jedem eroberungswürdigen Subjekt seine Körperhaltung. Er wendet sich dem anderen zu, legt sich nach vorn und richtet Knie und Füße auf ihn. Männer überprüfen häufig den Sitz der Krawatte oder ziehen die Bügelfalten ihrer Hosen gerade. Beim Gehen richten sie sich auf und strecken sich zu voller Größe. Frauen zeigen mehr Hüftschwung, machen kleinere Schritte und setzen die Füße bewußt auf. Im Extremfall tippeln sie wie Mannequins auf dem Laufsteg. Steht die kokette Frau, ruht ihr Körper auf einem Standbein, während sie das Knie des anderen ans Standbein lehnt oder das Spielbein vor das Standbein setzt. Das Ganze erinnert häufig an die gekünstelte Haltung von Menschen, die wissen, daß sie fotografiert werden. Wie bei echter Verliebtheit sucht auch der kokettierende Mensch den Körperkontakt, legt zum Beispiel die Hand auf den Unterarm des anderen oder den Arm um die Schultern oder die Hüfte der Frau. Frauen hängen sich beim Gehen gerne ein. Kokette verwenden manchmal einen betont *burschikosen Ton,* wenn es im Gespräch um Erotik geht, der sich so zusammenfassen läßt: »Na, was wäre schon dabei, wenn wir zwei miteinander ins Bett gingen. Du bist nun einmal ein umwerfend netter Kerl. Da muß ich ja schwach werden.«

Schwerer als der kokette Mensch ist der *Ästhet* zu durchschauen. Ein Ästhet weiß von vornherein, wie eine Frau zu sein hat: groß, blond, beweglich, treu, gebildet, eine Sportlerin und so weiter. Die Beurteilungsliste der Ästhetin steht natürlich jener des Ästheten an Umfang nicht nach.

Der ästhetische Mensch verschanzt sich hinter seine Geschmäcklerei, weil er nur schwer oder gar nicht lieben kann. »Natürlich ist sie eine Frau zum Lieben, ein prächtiger Mensch, obendrein noch gebildet und feinsinnig. Aber diese großen Füße! Ist eine Frau mit Schuhnummer vierzig nicht unmöglich?«

Ästheten haben auch am Ende eines langen Lebens oft noch nicht den Richtigen oder die Richtige gefunden. Sie können sie auch gar nicht finden. Es gibt sie nämlich nicht, weil es sie nicht geben darf, sonst müßte sich der Ästhet einem anderen Menschen zuwenden, und das kann er nicht – aus Angst vor der Endgültigkeit einer Bindung, aus Angst, Rechte abtreten oder teilen zu müssen, aus Bindungsunfähigkeit, aus sexuellem Desinteresse. Begegnet einem alten Ästheten dann doch noch ein akzeptabler Partner, ist große Vorsicht geboten: Im Innersten betrachten sie den Partner als eine Notlösung, als das kleinere von zwei Übeln, als Versorgungspartie, als Krankenschwester für die alten Tage oder als finanzielle Absicherung.

Großes Unterscheidungsvermögen verlangt es, Unbedachtsamkeit von *raffinierter Verführungstechnik* zu trennen. Ein unbedachter Mensch kann sagen: »Dein Kleid gefällt mir ausgezeichnet. Aber die Taschen sind etwas zu groß.« Durch diese Einschränkung erreicht er, daß man seine Äußerungen so nimmt, wie sie gemeint waren: ehrlich. Ähnlich geht auch der bewußte Verführer vor: Er lobt, nimmt aber seine Anerkennung etwas zurück, indem er eine Einschränkung macht. Er sagt: »Sie haben Beine zum

Träumen. Darum verstehe ich nicht, warum Sie so wenig passende Schuhe tragen!« Hätte er nur von den traumhaften Beinen gesprochen, würde deren Besitzerin gedacht haben: »Wieder einer mit der alten Masche.« So aber nimmt sie das Kompliment für ehrlich, denn »er sagt ja genauso ehrlich, was ihm nicht gefällt.« Und das ist ein Trugschluß.

Wie erkennen Sie diesen *einschränkenden Charmeur?* Vor allem daran, daß er einerseits viel an Ihnen lobt, andererseits aber – meist Unwesentliches – reduziert. Sind Sie sich nicht sicher, ob er zur Gattung der einschränkenden Charmeure zählt, dann lassen Sie ihn eine Zeitlang zappeln. Bleibt er, wie er war, spricht einiges dafür, daß seine Kritik eher unbedacht war. Hört er auf, Komplimente zu machen, verspricht er sich nichts mehr von Ihnen.

Hinter der Maske der *Geziertheit* steckt häufig der Wille, andere zu unterwerfen, sie gefügig zu machen und nach der eigenen Pfeife tanzen zu lassen. »Wenn du nicht so wirst, wie ich will, dann werden wir nie ein Paar.« Nicht selten verbindet sich Koketterie mit Geziertheit.

Sagt der einschränkende Charmeur vorwiegend Gefälliges, so geht der *Dompteur* umgekehrt vor. Ein Beispiel: Ein Dompteur möchte, daß eine Frau auf ihn aufmerksam wird. Wenig Erfolg verspricht er sich von der üblichen Taktik des Hofmachens. Deshalb entscheidet er sich für eine verbale Vergewaltigung und wirft ihr dann ein kleines Bonbon hin. Er peitscht sie mit Worten: »In Ihnen steckt das Zeug für eine wunderbare Frau. Aber jetzt sind Sie eine dumme Gans.«

Welche Frau hört nicht gern, daß sie ein herrliches Wesen sein könnte. Solche Worte gehen ihr nicht mehr aus dem Sinn. Tag und Nacht denkt sie darüber nach und beschäftigt sich somit auch mit ihrem Dompteur. Daß sie eine dumme Gans genannt worden ist, nun, das wurmt sie zwar, vielleicht ist aber dieser Vorwurf gar nicht einmal so abwegig, sinniert sie. Die Gewißheit jedoch, daß in ihr das Zeug zu einem wunderbaren Menschen schlummert, tröstet sie über einiges hinweg.

Der *Erpresser* macht sich erst gar nicht die Mühe, eine Maske aufzusetzen. Paßt ihm etwas nicht, formuliert er klar: »Wenn du das und das tust (beziehungsweise nicht machst), dann ...« Da diese einfache Erpressung sehr leicht zu durchschauen ist, verlegt der gewandtere Erpresser den Erpressungsfeldzug auf einen Nebenkriegsschauplatz. Ein Beispiel: Frau X hat bei ihrem Mann kein rechtes Glück mit offener Erpressung. »Gut, dann tu es doch!« So reagierte er bereits einige Male auf ihre Erpressungsversuche. Also richtet sie den Angriffskeil in die weiche Flanke ihres Gegners. Herr X hat einen schwachen Punkt: er kann nur schwer allein sein, und das weiß seine Frau. Statt ihn auf die primitive Art zu erpressen, setzt sie jetzt die Maske der *Gekränkten*, der *Feinfühligen*, der *Märtyrerin* auf. Im Grunde genommen geht es ihr prächtig, aber sie möchte irgend etwas bei ihrem Mann durchsetzen. Deshalb schmollt sie, wird wortkarg, geht ihm aus dem Weg. Nun sitzt Herr X etwas kleinlaut zu Hause herum, weiß eigentlich nicht so recht, was er verbrochen hat, denkt sich aber, irgend etwas müßte er wohl falsch gemacht haben, sonst könnte seine Frau nicht so leiden. Zählt er zu den besonders schlechten Menschenkennern, dann kommt ihm vielleicht sogar die Idee, seine Frau könnte, im Vergleich zu ihm eine bessere Gattung Mensch sein, feinfühliger, edler. Oft genug machte sie in der Vergangenheit solche und ähnliche Anspielungen. Er fühlt sich unwohl, er leidet unter seinem schlechten Gewissen. Nun genügt ein kleiner Hinweis von Frau X, in welche Richtung ihre Wünsche gehen, und Herr X blüht auf bei dem Gedanken, seiner Frau etwas Gutes tun zu dürfen. So manipuliert die Erpresserin, die sich die Maske der Verletzten aufgesetzt hat, ihren Partner.

Ein naher Verwandter des Erpressers ist der *Gefühlsegoist,* der durch allerlei Masken des Leidens auf sich aufmerksam macht. Er kann oft von überschäumender Heiterkeit sein, steht er im Mittelpunkt, er kann aber auch mit Leichenbittermiene in seiner Ecke sitzen, ist ihm eine Laus über die Leber gelaufen. Er entwickelt sich dann zum typischen *Spielverderber;* denn auch noch als Spielverderber gelingt es ihm, den Ton anzugeben und für alle anderen die Stimmung kaputtzumachen.

Zu dieser Kategorie zählt auch der *Nörgler,* der, scheint ihm die Kontrolle über den Partner zu entgleiten, zum Kritikaster wird, der so lange sucht, bis er einen mehr oder weniger plausiblen Vorwand für Rüge und Rüffel findet, um dann sagen zu können: »Na, soll ich da auch noch nett zu dir sein, wenn du nicht tust, was ich dir sage?« Ob es sich bei einem Nörgler um einen grundsätzlichen Besserwisser handelt, der mit sich und der Welt im Streit liegt (übrigens in der pathologischen Ausprägung eine Erscheinung in vielen psychiatrischen Anstalten), oder ob Sie es mit einem Gefühlsegoisten zu tun haben, erkennen Sie an folgendem: Der Nörgler aus Gefühlsegoismus kehrt zur Norm zurück, sobald er seinen Herrschaftsanspruch sichergestellt hat, nicht aber der Psychopath.

Auch durch *Zimperlichkeit* hofft der Gefühlsegoist sich jene Zuneigung und Aufmerksamkeit einzuhandeln, die er vermißt. Je intensiver man sich nach seinen Wehwehchen erkundigt, desto wohler fühlt er sich – übrigens auch dann, wenn seine Leidensmaske heroische Züge trägt, wenn er also so tut, als solle man ihn endlich mit dieser lächerlichen

Anteilnahme in Ruhe lassen; er wolle seinen Schmerz allein tragen.

Der gewalttätigste Erpresser ist schließlich der *Hysteriker,* der sich mit Bächen von Tränen, mit Schreikrämpfen, mit Herzattacken, Gallenkoliken, Zertrümmerung der Wohnungseinrichtung, Selbstmorddrohung oder Amoklaufen in jenes Licht rückt, aus dem er sich verdrängt glaubt.

Orgasmusschwierigkeiten und *Frigidität* lassen einen erfahrenen Therapeuten ebenfalls an Masken denken, vorausgesetzt, es liegt keine organische Störung vor. Ohne Zweifel steckt in dieser Haltung eine Entwertungstendenz dem Mann gegenüber, wie ich Ihnen das bereits im Zusammenhang mit den Masken des Machtstrebens erläutert habe. Voll schlechten Gewissens wird der betroffene Mann versuchen, der Frau auf anderem Wege Gutes zu tun. Befürchten dagegen Frauen, daß Orgasmusschwierigkeiten oder Frigidität ihre Männer aus dem Hause treiben könnten, spielen sie oft sexuelles Engagement und brennende Leidenschaft vor. Bei Auseinandersetzungen kann es dann vorkommen, daß einer Frau die Maske verrutscht und sie ihrem Mann ins Gesicht schleudert: »Du hast mich noch nie befriedigt. Ich habe dir das nur immer vorgespielt.« (Was nicht zu stimmen braucht...)

Eros' Krankenmasken fehlen auch bei Männern nicht, so etwa, wenn ein Patient über *Erektionsschwierigkeiten* oder *vorzeitigen Samenerguß* klagt. Handelt es sich nicht um Erschöpfungszustände, dann denkt der Therapeut an die Möglichkeit, daß der Mann seine Partnerin unbewußt ablehnt, was den Körper zu einer Reaktion bewegt, die es zu keinem oder keinem nennenswerten Koitus kommen läßt. Erektionsschwierigkeiten und vorzeitiger Samenerguß können aber auch auf das Konto von Angst gehen, dann etwa, wenn ein Mann Erpressung durch eine Schwangerschaft, eine zu starke seelische Bindung oder die Entdekkung einer Untreue befürchtet.

Zu Eros' eindrucksvollsten Masken zählt die *Eifersucht*. Der eifersüchtige Mensch behält unbewußt das Abhängigkeitsverhältnis des Kleinkindes bei. Die Gedanken seines umnebelten Gehirns kreisen zwanghaft um Fragen wie: »Hat er (sie) mich denn überhaupt noch lieb?« – »Warum liebt er (sie) andere mehr als mich?« – »Warum bedeute ich meinem Partner (meiner Partnerin) nicht soviel wie der oder die ...?« – »Werde ich vielleicht jetzt und unentwegt betrogen ...?«

Denken Sie daran, wie entsetzt sie als kleines Kind einmal waren, als Sie zum Beispiel auf einem Jahrmarkt oder in einem überfüllten Kaufhaus Ihre Mutter nicht mehr gesehen haben. Ein vergeblicher Blick in die Runde genügte, um Sie innerhalb von Sekunden in Panik zu versetzen. Als Sie dann wieder am Rockzipfel der Mutter hingen oder auf ihrem Arm saßen, vergingen noch Minuten, bis Sie sich wieder beruhigen konnten. So groß war der Schreck, von der Bezugsperson verlassen worden zu sein! Allein, mutterseelenallein auf der Welt, von niemandem geliebt, von niemandem beschützt, verraten, preisgegeben – so fühlt sich der Eifersüchtige. Es hat wenig Zweck, einem Kind, das sich von seinen Eltern verlassen fühlt, zu sagen: »Keine Angst. Die finden wir schon wieder. Du weißt doch, wie sehr dich deine Mutter und dein Vater lieben. Die könnten ohne dich nicht mehr leben.«

Das Kind ist so entsetzt, daß es gar nicht hinhört, wenn ihm dergleichen erzählt wird. Genausowenig ist ein Eifersüchtiger für Argumente offen. Seine *Eifersucht* ist ein *Schrei nach Zuwendung*, oft ein Schrei nach einem unmöglich zu erfüllendem Maß an Zuwendung. Der stark eifersüchtige Mensch ist ein Neurotiker und leidet unter dem

Zwang des Alles-haben-Wollens. Im wahren Sinne des Wortes überwacht er eifersüchtigst, ob außer ihm nicht noch jemand anderer einen freundlichen Blick, ein gutes Wort der eigenen Bezugsperson erhält.

Seine *Eifersucht* kann aber auch ein Mittel zu *Befriedigung der Herrschsucht* sein. Im Grunde genommen liebt er seinen Partner nicht oder nicht mehr. Daß es aber dem Partner einfallen könnte, auch für jemand anderen als für ihn allein dazusein, erscheint ihm als ungeheuerliche persönliche Beleidigung. Der Partner hat genauso zu sein, wie er ihn sich wünscht. In vielen Fällen ist der Neurotiker sogar auf Gegenstände eifersüchtig, etwa auf Bücher, auf ein Musikinstrument, auf eine Sportart oder auf ein anderes Hobby, das dem Partner die Möglichkeit gibt, dem krankhaften Gefühlskerker und maßlosen Besitzanspruch des Eifersüchtigen auch nur für kurze Zeit zu entfliehen.

Ein häufiges Motiv der Eifersucht ist *gekränkte Eitelkeit.* »Ich bin wohl nicht soviel wert wie dieser andere Mensch, dem sich mein Partner zuwendet?« Begründet oder unbegründet flüchten sich deswegen so viele vermeintlich in ihrer Eitelkeit Gekränkte in fremde Umarmungen – ein Versuch der Selbstbestätigung durch Fremdbestätigung. Dann kann es nicht ausbleiben, daß der liebevolle Tröster mitunter über die Reaktionen des Eifersüchtigen entsetzt ist. Er glaubte sich geschätzt, wenn nicht gar geliebt und muß nun plötzlich erkennen, daß er nur ein Mittel zum Zweck war, ähnlich einer Flasche Alkohol, an die sich einer hält, um für kurze Zeit seine Probleme zu vergessen.

Vielen unbewußt bietet sich die Maske der *Eifersucht* auch an als ein Mittel zur *Herabsetzung des Partners.* Wo immer und wann immer Herabsetzungstendenzen am Werk sind, soll erhöht werden. Herabsetzung anderer und Selbsterhöhung gehen Hand in Hand. So wirft zum Beispiel ein Mann seiner Frau völlig ungerechtfertigt vor, sie sei ein Luder, eine üble Schlampe, die sich von jedem Tänzer abknutschen lasse, eine, die es noch mit dem Postboten treiben möchte ... Was will der Eifersüchtige unbewußt damit erreichen? Indem er seine Frau herabsetzt, fühlt er sich selbst erhöht. »Schaut mal mich an! Ich könnte jede Menge Frauen haben. Ohne daß ich auch nur das Geringste unternehme, rennen sie mir nach wie wild. Aber ich bin ein Mann, der sein Wort hält. Ich habe meiner Frau am Altar die Treue geschworen, und ich werde sie halten bis zum letzten Atemzug. Aber sie, dieses Luder ...« (siehe oben).

Eifersucht muß aber manchmal auch zur *Rechtfertigung von Emanzipationsbestrebungen* herhalten. Frau Y ist mit ihrem Beruf als Hausfrau und Mutter nicht zufrieden. Sie will wie ihr Mann nichts zu tun haben mit dem ganzen Kleinkram des Haushalts. Sie malt sich aus, wie gut es ihr Mann hat: täglich neue Bekanntschaften, neue Erlebnisse, Frauen, die ihm schöne Augen machen, Sekretärinnen, die ihn verführen wollen. Unterdessen sitzt sie als grüne Witwe mit den drei kleinen Kindern herum und kocht Pudding. Ihr Verstand müßte ihr sagen: »Wenn du es zugelassen hast, daß du Mutter von drei Kindern geworden bist, dann wirst du diese drei Kinder so lange umsorgen müssen, bis der Jüngste ungefähr fünfzehn ist. Von vornherein war dir klar, daß diese Aufgabe nie dein Mann erfüllen wird.«

Ihr Stolz aber verbietet ihr zuzugeben, daß ihr Mann nicht in der Firma ein hohes Gehalt verdienen und so nebenbei Babysitter spielen kann. Andererseits will sich ihr Unterbewußtsein nicht mit ihrer scheinbar untergeordneten Lage abfinden. Also fängt sie an, ihren Mann zu verdächtigen. »Du gehst ja nur deswegen Tag und Nacht in die Firma, weil du eine Sekretärin hast, die jünger und hübscher ist als ich. Sie hat ja auch keine drei Kinder zur Welt gebracht...«

Eifersucht kann schließlich auch noch die Maske liefern für *Orgasmusschwierigkeiten.* »Wenn du dich nur sehen könntest, wie du mit anderen Frauen herumbalzt. Mit einem Wort: widerlich! Ganz besonders scheinst du es auf dieses Flittchen abgesehen zu haben. Aber wenn ich mal von dir was will, mein gutes Recht verlange, dann ist nichts los. Dann fummelst du zwar wie ein Wilder herum, aber es tut sich bei mir gar nichts!«

Regisseur Eros stellt seinen Darstellern aber nicht nur so absonderliche Masken zur Verfügung, wie ich sie bisher geschildert habe. Im Fundus dieses großen Puppenspielers liegen schönste Gebilde aus Draht, Leinen und gepreßter Pappe. Nennen wir einige Posten im Inventarverzeichnis:

Da wäre als erstes die Maske der *Hofmacher.* Die ersten Schritte in einer Partnerschaft, gleichgültig, ob jemand auf den Ehering schielt oder »nur« mit einer Freundschaft zufrieden ist, sind von Illusionen flankiert. Bewußt oder unbewußt geben wir uns zunächst netter, als wir über einen längeren Zeitraum sind. Wir stimmen uns auf den neuen Partner ein, und wir passen uns ihm an. Je mehr späteres Wohlbehagen wir uns von ihm versprechen, um so größer fällt unsere Bereitschaft zur Anpassung aus. Wir haben Angst, ihn sofort zu verlieren, tun wir nicht alles, um ihm zu gefallen. Da unser Partner, so wir ihm gefallen, Ähnliches empfindet, stellt auch er seine Persönlichkeit zurück und *paßt sich uns an.* Es lernen sich also zwei Menschen in Ausnahmesituationen kennen. Keiner ist so, wie er gewöhnlich zu sein pflegt. Ohne betrügerische Absichten trägt jeder eine Maske, in der er glaubt, besonders vorteilhaft zu wirken.

Er sagt, er gehe gern in die Berge und meint damit, daß

er sich an einem Wochenende fünf Stunden lang einen Gipfel hinaufquält und dabei fünf Liter Schweiß verliert. Sie antwortet: »Oh, die Berge! Es gibt nichts Schöneres als die Berge!« Dabei sieht sie sich aber nur auf einer Decke am Ufer des Tegernsees in der Sonne liegen und mit einem der Sonne abgewandten Auge auf den Wallberg blinzeln. Da hinaufzusteigen, nein so etwas ist ihr noch nie in den Sinn gekommen. Aber schön sind die Berge schon.

»Aha, sie schwärmt also auch fürs Bergsteigen«, registriert sein verliebtes Gehirn, das sich im Augenblick in einer Formkrise befindet, was die Klarheit des Denkens betrifft. Und dann gehen sie am nächsten Sonntag ins Gebirge. Es bleibt ihm zwar nicht verborgen, daß sie manchmal einen bitteren Zug um den Mund hat. Sein Gehirn interpretiert ihren Gesichtsausdruck: »Sie beißt die Zähne zusammen. Sie hat keine Kondition. Aber wie sie die Krise überwindet! Fabelhaft!«

Keine Sekunde lang ahnt unser Auerhahn, daß sie sich fragt: »Was soll eigentlich dieser Blödsinn? Unten am Strand zu liegen, wäre unvergleichlich schöner. Aber wenn ich ihm sage, daß ich das alles für reichlich übertrieben halte, dann läßt er mich sitzen ...«

Sie hat ihm bei passender Gelegenheit gestanden, daß sie gern baden geht. Er hat verstanden, daß sie gern »schwimmen geht«. Sie aber versteht darunter sich eincremen, mit einer dunklen Brille in der Sonne liegen, ein Nickerchen machen und dann in den Wachzuständen in einer Illustrierten blättern. Wiederum ein Mißverständnis.

Bei einem Glas Wein haben sie sich geoffenbart: »Ich mag moderne Musik.«

Der andere sofort darauf: »Ich auch. Nichts geht über moderne Musik!« RICHARD STRAUSS, LOUIS ARMSTRONG oder *Hard Rock*? So genau wollten sie sich da nicht festlegen. Beide fanden dann, daß nichts über die Impressionisten gehe. Also wieder zwei Gemeinsamkeiten. Wenn das nicht zwei Menschen mit übereinstimmenden Idealen sind – so dachten sie.

Nach einer Bergbesteigung, die ihre letzte Kraft und ihren letzten Humor aufzehrte, wollte er in der Hütte zum erstenmal zärtlich werden. Sie war todmüde, kaum frischgemacht und auch sonst nicht in Stimmung. Die der bergsteigerischen Allgemeinheit gehörenden Decken im Touristenlager klebten ihr verdächtig am Körper. Dennoch dachte sie: »Aber wenn du ihn jetzt nicht läßt, dann läuft er dir vielleicht davon.« Und um ihn nicht zu enttäuschen, schien sie vor Wonne zu vergehen.

Resümee: Seit sich diese zwei Menschen kennen, machen sie sich mehr oder weniger unbewußt fortwährend etwas vor. Sie laufen mit Masken herum, selbst im Hochgebirge, selbst in der Finsternis einer Berghütte. Aber der Augenblick wird kommen, da sie nicht mehr mit ihm das Wochenende im Gebirge verbringen will:

»Liebst du mich nicht mehr, weil du zu Hause bleiben möchtest? Oder willst du dich mit einem anderen treffen? Aber du bist doch früher mit mir so gern ins Gebirge gefahren!«

»Ich bin noch nie gern auf Berge gestiegen. Ich bin nur früher mitgegangen, damit wir beisammen sein konnten.«

Er versteht die Welt nicht mehr. Er fragt sich: Bin ich blöd? Hat sie mich hereingelegt? Ist sie nur eine geschickte Schauspielerin. Hat sie mir auch auf anderem Gebiet etwas vorgegaukelt? Aber inzwischen sind die beiden verheiratet, und er weiß seit einigen Tagen, daß ihre Monatsblutung ausgeblieben ist.

Daß uns unser uraltes System des gegenseitigen Hofmachens gar keine andere Wahl läßt als uns bewußt oder unbewußt Masken aufzusetzen, ist einer der Gründe, daß inzwischen schon jede dritte Ehe geschieden wird. Statt sich von allem Anfang an zu zeigen, wie man ist, schwirrt im System des Hofmachens jeder der beiden Partner herum und sucht herauszufinden, was er noch alles tun soll, damit der andere ihn liebenswert finde.

Diese Form der Überanpassung führt oft zur Maske der *Unterwürfigkeit,* wenn sich ein Partner dadurch eine dauerhafte Bindung verspricht. Aus Angst, den anderen zu verlieren, aus Angst aber auch, den anderen nicht so in den Griff zu bekommen, wie sich das seine unbewußte Herrschsucht wünscht, ist der Unterwürfige selbst zur entehrenden Selbstaufgabe bereit. Entehrend wirkt seine Handlunsgweise aber nur auf Unbeteiligte. Denn geht die Rechnung des Unterwürfigen auf, kann er auf einen vorteilhaften Handel blicken: Nur für den Partner dazusein, nur für ihn zu leben, zu arbeiten, zu fühlen, bereitet ihm ähnliche Freude, wie sie Eltern empfinden, sehen sie die glücklichen Augen ihrer Kinder bei der Bescherung am Heiligen Abend, wenngleich sie sich diese Freude durch finanzielle Opfer erkaufen mußten. So hat auch der Unterwürfige durch die Vorteile, die er dem Partner durch sein Verhalten bietet, diesen an sich gefesselt und dadurch die Angst vor dem Rückfall in die Hilflosigkeit und Unselbständigkeit des Kleinkinddaseins verloren oder zumindest in weniger störende Ebenen zurückgedrängt.

Weitere Masken der Unterwerfung eines Partners durch Überanpassung werden mit dem Begriff *Hörigkeit* bezeichnet. Oberflächliche Betrachter vermuten hinter der Hörigkeit meist eine Abhängigkeit sexueller Art. Da wird dann einem Mann eine besonders starke sexuelle Potenz angedichtet, einer Frau fast in mystische Bereiche gehende Liebestechniken. In Wirklichkeit schaudert es den hörigen

Menschen vor der Leere in der er nach einer Trennung von seinem Partner zurückbleiben könnte, ähnlich wie einen Rauschgiftsüchtigen die Vorstellung ängstigt, daß er ab morgen ohne Stoff sein könnte. Wie sehr Hörigkeit eine Maske des Besitzanspruchs ist, stellt sich spätestens dann heraus, wenn der Partner die sanften Würgegriffe des Hörigen lockern will. Dann muß er sich ganze Litaneien von guten Taten anhören, die der Hörige aus »reiner Liebe« für ihn vollbracht habe. »Und so einen selbstlosen Menschen, der nur für dich da war und ist, willst du jetzt sitzenlassen?«

Die Maske eines zur Hörigkeit neigenden Menschen kann durchschaut werden, wenn man gleich von Anfang an gegen jedwede Überanpassung vorgeht. Stimmt Ihnen Ihr Partner auffallend oft uneingeschränkt zu, fragen Sie nach dem Grund und nach Argumenten für diese Zustimmung. Notfalls fordern Sie ihn heraus, indem Sie einen Konflikt schaffen, etwa so: »Ich möchte in dir einen Gegenpol haben. Bisher sehe ich in dir die zweite Ausgabe meiner Person. Das ist auf die Dauer uninteressant.«

Sie werden auch gut daran tun, *Überangebote an Geschenken, Dienstleistungen* und persönlichen Opfern nicht zu akzeptieren. Hörige werden darin eine Ungehörigkeit erblicken und mit Schmollen oder Zeichen von Ängsten vor Liebesverlust reagieren.

Ähnlich intensiv und lästig wie die Anhänglichkeit von Hörigen kann die Anhängigkeit von *Isolierten* werden. Wer mit Hilfe von Annoncen Heiratskandidaten oder Bekannte sucht, lernt sehr viele isolierte Menschen kennen, die sich wie Kletten an den möglichen neuen Partner hängen. Ihr Bedürfnis nach Partnerschaft ist echt, insofern gibt es keine Masken zu durchschauen. Es gibt aber auch Isolierte, die in solchen Situationen sehr wohl Masken tragen, weil sie sich ihrer Einsamkeit schämen. Denn auch der Markt der zwischenmenschlichen Beziehungen untersteht dem Gesetz von Angebot und Nachfrage. Wer viel zu bieten hat, ist gefragt. Wer wenig zu bieten hat, bleibt wie Ausschußware liegen. Zwar findet in der Regel »jedes Töpfchen seinen Deckel«, aber nicht jeder Isolierte will sich zum Nächstbesten gesellen. Es würde auf ihn dort übrigens nur die Isolierung zu zweit warten.

Masken dieser Form der Isolierung offenbaren sich in Formulierungen wie: »Ich bin sehr gern allein. Sollte freilich einmal ...« Ob es sich dabei nicht doch nur um meine unfreiwillige Isolation und um Geziertheit handelt, mit der die Tatsachen beschönigt werden sollen, erkennen Sie daran, wenn sich der Isolierte leicht und dankbar sozial einbinden läßt.

Vielerlei Strebungen können sich hinter der Maske des *Autonomisten* verbergen. Ein Autonomist vermag einen Liebhaber zur Raserei zu bringen. Die Grundeinstellung des Autonomisten männlichen wie weiblichen Geschlechts lautet: »Ich habe dich sehr lieb. Aber ich will mir die Freiheit bewahren. Natürlich kannst auch du tun und lassen, was du willst.«

Der *ewige Junggeselle,* der über Jahre hinweg mit einigen Freundinnen lebt, ist der typische Autonomist. Einen herrlichen, bezaubernden Kurzurlaub mit der A, die dann wochenlang nichts mehr von ihm hört; zwei-, dreimal im Monat ein Theaterbesuch, anschließend Souper und intimes Beisammensein mit der B; gelegentliche Besuche »auf einen Sprung« bei der C und so fort.

In seiner Beziehung zu Menschen entspricht der Autonomist dem, was in der Lernpsychologie »flüchtige Aufmerksamkeit« heißt. Er absolviert ein Pensum mit Riesenschritten und deswegen oberflächlich. Er verfügt über eine sehr große Rollenflexibilität. Für die Dame A ist er der ideale Urlaubspartner. Genauso schnell und leicht paßt er sich Frau B an, wenn er mit ihr zuerst ins Theater und dann ins Bett geht. Aber er langweilt sich rasch. Niemand und nichts kann ihn lange binden. Er sieht in einem Geschlechtspartner vor allem die Möglichkeit, seinen Körper lustvoll zu erleben, in einem anderen Menschen den Diskussionspartner; in einem dritten nur eine bequeme Möglichkeit ein paar Minuten zu überbrücken, in denen nichts los ist.

Seine Maske tönt: »Mein Beruf als Künstler, Exportkaufmann, Journalist verbietet mir feste Bindungen.« Wäre er ortsansässiger Bibliothekar, würde er eine andere Erklärung finden.

Wer immer einen Autonomisten an sich binden will, handelt insofern falsch, als er am Ende stets den kürzeren zieht. Große Zuwendung (»Er soll spüren, wie sehr ich ihn liebe und wie er sich auf mich verlassen kann«) verschreckt ihn eher, als daß sie ihn zur Ausschließlichkeit verführen könnte. Das Vorspielen von Gleichgültigkeit könnte seinen Ehrgeiz anstacheln und aus ihm für kurze Zeit den treuen Liebhaber machen. Glaubt dann der Partner, ihn jetzt an der Angel zu haben, wird er bald einen nackten Haken aus dem Wasser ziehen.

Von zäher Anhänglichkeit und oft sogar von rührender Treue ist dagegen der nächste Maskentypus. Hinter der Maske großer selbstloser Fürsorge verbirgt sich oft der *Vormund,* der *Beschützer,* der dem Partner jeglichen Stein aus dem Weg räumt. So wie der vom Gericht bestellte Vormund Minderjährige und Waisen betreut, spezialisiert er sich auf erotischem Gebiet auf Menschen, die unselbständig sind, zum Beispiel auf die Frau, die wenig Schulbildung genossen hat und nun »etwas von ihm lernen« will. In schlimmeren Fällen bestimmt dann der Vormund, welches

Buch zu lesen und welcher Fernsehfilm anzuschauen ist. Unter seinen Gesichtspunkten wählt er die Bekannten und Freunde seines Partners aus. Tag und Nacht steht er mit seinem Hilfsdienst bereit, um dem Partner sofort beizuspringen. Ja, manchmal scheint es ihn direkt zu freuen, wenn dieser in Schwierigkeiten gerät, weil er dann erneut seine liebenswürdige Herrschaft ausüben kann. Wird aber seine Hilfe mehrfach zurückgewiesen, verliert der Vormund das Interesse an seinem Mündel und beklagt dessen Undankbarkeit.

Wer gern von einem Vormund abhängt, läuft große Gefahr, eines Tages ziemlich hilflos dazustehen. Denn auch ein Vormund wechselt mitunter das Subjekt für seine Dominanz, das heißt er beschützt plötzlich jemand anderen. Immer wieder kommen in die psychotherapeutische Praxis Männer und Frauen, die außerhalb eines bestimmten Fachbereichs völlig desorientiert sind. »Darum hat sich bisher ausschließlich mein Partner gekümmert, und der ist jetzt nicht mehr da. Ich schaffe es nicht.«

Nahe mit dem Vormund verwandt ist der *Pädagoge*, der Menschen nach seinen Ideen formen will. Da lernt ein reifer Junggeselle ein halbes Kind von Mädchen kennen, dessen er sich gerne annimmt. Aber er erdrückt es mit seiner belehrenden Besserwisserei. Gelingt es dem Geschöpf trotzdem, Eigenleben zu entwickeln, sind Konflikte unvermeidbar. Zu erkennen ist der Pädagoge daran, daß er auf jeden Versuch einer eigenständigen Entwicklung negativ reagiert, zum Beispiel diesen Versuch kritisiert, lächerlich macht und generell seine Studienratsüberlegenheit auszuspielen versucht.

Begegnen sich zwei Menschen, die Affinität zueinander verspüren, dann – so sahen wir – bemüht sich jeder der beiden, jene Maske aufsetzen, von denen er glaubt, daß sie dem Partner am besten gefallen. Vor allem Jugendliche fühlen sich dabei sehr unsicher in der Wahl der Mittel. Es mag ihnen zumute sein wie einem Schauspieler, der ohne die Hilfe eines Regisseurs eine Rolle darstellen soll und sich immer wieder vergeblich fragt: »Wie bin ich?« – »Wie wirke ich?« – »Klingt das ehrlich?« – »Erreiche ich hier den Effekt, den ich anstrebe?«

Aus Angst, den anderen nicht vor den Kopf zu stoßen, ihn aber auch nicht allzu lange über die eigenen Gefühle im Ungewissen zu lassen, wollen diese Verunsicherten bald Farbe bekennen. Am leichtesten fällt ihnen dies, wenn sie sich uniformieren. Der Verunsicherte zieht die Uniform einer Gruppe an, er wird zum *Uniformierten.* Wie ein Berufssoldat weiß er nun, welches Kleidungsstück man zu welchem Anlaß trägt, was man bei dieser und bei jener Gelegenheit zu sagen hat und daß der Vorgesetzte bei jeder Gelegenheit zu grüßen ist. Im übrigen ersetzt die Uniform das Denken.

Aus Unsicherheit heraus zieht mancher Mensch die Uniform einer Gruppe an, zu der er eigentlich nicht gehört. Am ehesten merken wir es seiner Sprache an, ob er wirklich oder nur zum Schein zur Gruppe zählt. Es ist viel leichter, sich die Masken einer Gruppe zuzulegen als deren Sprache. Gruppenmitglieder besitzen ein feines Gehör, ob einer die »Muttersprache« der Gruppe wirklich beherrscht oder ein andressiertes Fremdidiom von sich gibt. Kein natürliches Gruppenmitglied wird auf die Idee kommen, ein anderes Mitglied der Gruppe zu fragen: »Warum bist du eigentlich bei uns?« An einer solchen Frage kann man Maskenträger erkennen, mit ihr kann man sie leicht herausfinden.

Übrigens, Uniformierte tragen nicht etwa nur Jeans, Bärte, Trachtenkleidung und dergleichen. Es gibt auch Uniformierte in teuren Blazern oder dunklen Büroanzügen – und vor allem natürlich: in den Uniformen staatlicher Amtsgewalt.

Zum Schluß müssen wir uns noch mit dem *Hochstapler* beschäftigen. Er tritt in unterschiedlichen Ausführungen auf. Da ist zunächst der *Heiratsschwindler,* neuerdings auch die Heiratsschwindlerin. Beide passen sich dem Partner perfekt an und geben ihm scheinbar, was er sucht: Sicherheit, Geborgenheit, Anerkennung in einer festen, seriösen Bindung. Immer wieder staunen die Leser von Illustrierten oder die Besucher von Strafgerichtsprozessen, wenn sie einen notorischen Heiratsschwindler sehen. Da hat ein Mann Dutzende von Frauen um ihr Vermögen gebracht und ihnen nichts dafür gegeben als ein bißchen Zärtlichkeit und Hoffnung. Was muß das für eine umwerfende Persönlichkeit sein, so denken sie. Und dann ist es oft nur ein kleines, mickriges Männchen mit Rundrücken und Halbglatze. Wie konnte diese halbe Portion so vielen Frauen den Kopf verdrehen und an deren Bankkonten gelangen? Er verstand es, seriös zu wirken und ihnen vorzugaukeln, er werde mit ihnen eine gemeinsame, auch eine finanzielle Zukunft aufbauen. Vor allem versprach er reichen Gewinn, wenn man ihn nur walten und schalten ließe.

Heiratsschwindler demaskieren sich sehr rasch, wenn sie merken, daß entweder mangels Masse oder mangels Gutgläubigkeit kein Geld zu holen ist. Ein Heiratsschwindler ist ein Profi und wird nicht viel Zeit mit hoffnungslosen Fällen verplempern. Vorsichtig sollten jedenfalls Formulierungen stimmen wie: »Ich meine es ehrlich« – »Ich bin seriös bis auf die Knochen« – »Ich habe noch nie einen Menschen um einen einzigen Pfennig gebracht«.

Die zweite Kategorie Hochstapler will nicht ans Geld, wohl aber an die Gefühle und vor allem an den Körper. Er will Gefühle wecken, und er tritt unter vielen Masken auf: so zum Beispiel als unverstandener Ehemann, der sich bestimmt eines Tages scheiden lassen wird, wenn die Kinder diesen Schlag besser vertragen, aber zunächst ist noch nicht daran zu denken. Kommt Zeit, kommt Rat.

Es soll nicht bestritten werden, daß eine Vielzahl von Männern über Annoncen seriöse, ernstzunehmende Absichten signalisieren. Ich empfehle in bestimmten Fällen selbst, sich des Annoncenmarktes zu bedienen. Was ich aber nicht empfehle: sofort das ganze GRETCHENherz an den neuen HEINRICH FAUST zu hängen, sich ihm sogleich zu ergeben und schon den Hochzeitstermin der besten Freundin zu verraten.

Die dritte Spezies Hochstapler ist weder an den Finanzen noch in erster Linie am sexuellen Angebot interessiert. Er ist eher ein Phantast, ein DON QUICHOTTE der Liebe. Er möchte jemanden »ganz irrsinnig glücklich machen«. Wahrscheinlich braucht er diesen Anblick, um sich immer wieder seine Bedeutung bestätigen zu lassen. Dementsprechend tut er alles, um wirklich glücklich zu machen. Er ist Überanpasser und Vormund in einer Person. Er ist der *große Liebhaber,* der in die Liebe verliebt ist. Um Ihnen eine Freude zu bereiten, nimmt er jegliche von Ihnen gewünschte Rolle an, nur nicht die des TARTÜFFS. Tartüff begehrt die junge Frau seines Freundes, spielt aber die Rolle des frommen, gottergebenen Mannes, dem Fleischeslust fremd ist wie Verrat an seinem Freund, so überzeugend, daß erst handgreifliche Beweise den Pharisäer überführen. Der Wüstling Tartüff spielt also den sexuell Uninteressierten, eine Maske, zu der auch der *Schmalspurtartüff* greifen kann. Seine Technik besteht in folgendem: Er nimmt eine Frau aufs Korn, hütet sich aber, dies ihr zu zeigen. Entweder behandelt er sie wie jede andere Frau auch oder aber etwas schlechter, so daß sie sich mit dem Gedanken beschäftigt, wie er dazu komme. Damit hat er erreicht, daß sie sich mit ihm beschäftigt. Keinesfalls aber kann sie ihm den Vorwurf machen, er renne den Weibern nach. Plötzlich aber vernimmt sie von einer dritten Person: »Weißt du eigentlich, daß dich der X wahnsinnig liebt? Er hat's mir neulich gestanden ...« Oder: »Ich hab's von der Z gehört.«

Unser Schmalspurtartüff kann aber die Botschaft von seiner geheimen Liebe der Erwählten auch selbst überbringen. Beim Tanz oder in einer dunklen Ecke reißt er sie plötzlich an sich, stammelt etwas von irrer Leidenschaft oder bietet ein ausgeklügelt philosphisches Gespräch. Einer meiner Bekannten verwendet eine verkürzte Methode des gleichen Tricks. Er trifft zum zweiten- oder drittenmal eine Frau, die ihm zunächst keines besonderen Einsatzes wert zu sein schien. Nun, da sich aus irgendwelchen Gründen die Lage geändert hat, überfällt er die Frau und gesteht ihr seine Liebe, die ihn plage, seit seine Augen sie zum erstenmal erblickten.

Sich demaskierend maskiert er sich, spielt ein Spiel im Spiel, ähnlich jenen Theaterstücken, in denen eine Schauspielergruppe auf der Bühne Schauspielerprobleme zum besten gibt.

Maskeraden für die Liebe

Zur Zeit der Miniröcke trug ein junges Mädchen ein Gebilde von Beinbekleidung, das nur eine Handbreit mehr verdeckte als das biblische Feigenblatt. Der Aufzug wirkte sehr sexy und lud Männer ein, aggressiv zu werden. In aller Unschuld reagierte das Mädchen entsetzt auf diese handgreiflichen Herausforderungen. Ihre Kleidung entsprach reiner Konvention und hatte überhaupt nichts mit ihrer Einstellung zu Erotik und Sex zu tun. Wäre damals Maxi modern gewesen, dieses Mädchen wäre mit einem bodenlangen Rock herumgelaufen. Wir tun deswegen gut daran, bei psychologischen Beurteilungen der Aufmachung die jeweils vorherrschende Mode zu berücksichtigen.

Waren die Miniröcke vor allem für junge Mädchen gedacht, dann mußte sich der Beobachter freilich fragen, warum zum Beispiel manch eine reifere Frau glaubte, ihre schon von Zellulitis gezeichneten Oberschenkel auf den Straßen präsentieren zu müssen. War sie eine eitle Selbstbewunderin, oder wollte sie auf ihre sexuelle Ansprechbarkeit hinweisen? Oder drückte sie eine besonders fortschrittliche Gesinnung aus? Zum Beispiel Emanzipationstendenzen: »Ich ziehe mich an, wie ich will, und wenn ihr glaubt, ich bin leicht zu haben, dann täuscht ihr euch sehr.«

Frauen, die sich *konservativ kleiden,* verraten hingegen: »Schaut her, ich bin eine anständige Frau. Wer mich gewinnen will, der soll dies auch in den Formen der Tradition tun: um mich werben, mir dann seine Liebe gestehen und treu bleiben. Ich bin nicht eine von denen, die mit jedem Mann ins Bett gehen.«

Wollen wir erotische Signale richtig interpretieren, müssen wir zunächst wissen, für welche wir empfänglich sind. Begehren, Verehren, Lieben, Schmachten, Leiden, das sind Regungen, die in uns selbst entstehen, auch wenn wir als Betroffene meinen, sie würden von außen an uns herangetragen. Nein, nur was schon in uns schlummert, kann aktiviert werden. So wirken auf einen Mann haarige Frauenbeine oder ein großer Busen sexy, auf einen anderen glatte Schenkel und eine knabenhafte Figur. Der Mann, für den behaarte Frauenbeine und ein großer Busen sexuelle Auslöser sind, sieht in einer mit solchen Attributen ausgestatteten Frau ein erotischeres Wesen, als dies sein Geschlechtsgenosse mit anderer Geschmacksrichtung tut. Und beide können sich gründlich täuschen.

Menschen, denen wir auch in erotischer Hinsicht sympathisch sind, wenden sich uns körperlich zu, blicken uns wohlwollend an, lassen uns aussprechen, schauen uns vielleicht länger als üblich in die Augen und lassen bei der Begrüßung oder Verabschiedung ihre Hand einen Bruchteil länger in unserer liegen, als dies die Norm gebietet.

Im *Zustand der Verliebtheit* steigern sich diese Signale. Dann können wir an Lippen »hängen«, unsere Augen in andere »versenken«, ersatzweise gierig an der Zigarette saugen oder statt einer besseren Beschäftigung für unsere Hände an einem Knopf drehen oder einen Marsch mit den Fingern trommeln. Die Pupillen vergrößern sich, die Nasenflügel beginnen zu beben, die Zunge leckt über die Lippen. Können wir körperlich nicht vom anderen Besitz ergreifen, dann tun dies unsere Augen. Wir tasten seinen Körper ab. Die Frau konzentriert sich auf die Lippen und die Händes des Mannes, weil beide bald in ihrem Leben eine große Rolle spielen werden. Der Mann, meistens schneller erregbar als die Frau, hat schon lange ihre Beine studiert, diese Wegweiser auf jenen Körperteil, der ihn nun am meisten fesselt. Durch hohe Absätze betont die Frau die Streckung ihrer Beine. Was hohe Absätze für die Beine sind, ist ein enganliegender Pullover für den Busen.

Untersuchungen ergaben, das Männer einem schweren Irrtum unterliegen, wenn sie sich vom *Vorzeigen ihrer Muskeln,* von der Betonung ihres Geschlechtsteils in engen Hosen, von *schönen Haaren* eine erotische Wirkung versprechen. Was nachgewiesenermaßen einer sehr großen Anzahl von Frauen imponiert, sind ein flacher Bauch, ein festes

Gesäß, gepflegte Hände und Zähne. Ein Mann, der beim Erscheinen einer attraktiven Frau den Bauch einzieht und sich aufrichtet, verrät Kontaktbereitschaft – er will gefallen.

Stellen Sie sich nun einen Menschen vor, gleichgültig ob Frau oder Mann, der in einem Tanzlokal sitzt. Er ist dorthin gegangen, um Anschluß zu finden, aber offensichtlich ohne großen Erfolg. Welches Bild wird er bieten? Er sitzt verkrampft da, hat vielleicht die Arme vor der Brust verschränkt, so als wollte er eine Barriere aufrichten zwischen sich und dieser Welt, die ihn nicht haben will. Aus Verlegenheit hat er seine Beine korkenzieherartig umeinander geschlungen. Er beißt auf die Zähne, was seine Kiefergelenke in sichtbare Bewegung versetzt. Vielleicht kaut er auf seiner Unterlippe oder er massiert die obere verlegen zwischen den Zahnreihen.

Jetzt steht er auf und bewegt sich auf die Toilette zu. Sein Gang will Ruhe, Überlegenheit vortäuschen, verrät aber Steifheit und *Verkrampfung.*

So wirkt, wer gerne möchte, aber nicht kann. So wirkt aber auch der *Nörgler,* der *Kritikaster,* dem die ganze Veranstaltung eine widerliche Pflichtübung ist. Sein Blick jedoch wird ruhiger, weniger erwartungsvoll sein. Denn das einzige, was er erwartet, ist das Ende dieses Unsinns. Männer, die um ihrer tanzbegeisterten Frauen willen zu Veranstaltungen gehen, repräsentieren den Typ, der sich aus Erotik nicht viel macht. Würden wir uns zu so einem Menschen gesellen, fiele uns wahrscheinlich auf, wie oft er mit ausgestrecktem Zeigefinger auf jemanden deutet und belehrende Reden führt.

Emanzipatorisch verhalten sich Männer und Frauen, wenn sie signalisieren: »Ich suche einen Partner, der mir ermöglicht, im Zusammenspiel mit ihm meinen Körper und meinen Geist möglichst lustvoll zu erleben. Mehr will ich nicht. Mehr wäre Bindung, die ich ablehne. Also bitte *keine ›große Liebe‹, keine ›ewige Treue‹* und wie all der Unsinn heißen mag.«

Diese Gattung von emanzipatorischen Menschen flirtet gern, macht schöne Augen nach links und nach rechts, kokettiert aber nicht nur, um seine Macht über das andere Geschlecht zu erproben, sondern wünscht Erotik und Sex. Er scheut sich nicht, auf handgreifliche Sexsymbole lustvoll hinzuweisen. Der emanzipatorische Mann schreckt auch vor erotischen Handgreiflichkeiten nicht zurück. Er ist der geborene *Grapscher.* Frauen sind hier in der Regel zurückhaltender, erlauben aber desto lieber Knie- und Fußkontakte unter dem Tisch. Über dem Tisch beschränken sie sich auf unverfängliche Gesten: Sie legen ihre Hand auf den Unterarm ihres Gesprächspartners oder zupfen seine Krawatte zurecht.

Die betont emanzipierte Frau wird bei schlüpfrigen Themen nicht nur nicht erröten, sondern sogar stolz darauf sein, das sie cool Titel von Büchern und Filmen pornographischen Inhalts aufzählen kann. »Macht doch nicht soviel Aufhebens wegen dieser Bagatelle«, so stellt sie ihre Einstellung zu Erotik und Sex dar. Es ist nicht Kokettiersucht, wenn sie manchmal in aller Offenheit vor mehreren Leuten einem Mann etwas in Aussicht stellt, das sie nie halten wird. »Wir blödeln nun einmal über das ganze Zeug, und da verspricht man gern mehr, als man zu halten gewillt ist. Ist ja auch nicht so wichtig.«

Ganz anders der Mensch, den eine *lässige Einstellung* zu *Erotik und Sex* stört. Er charakterisiert sich dadurch, daß er wie das Zählwerk eines Automaten registriert: »Schon wieder eine sexuelle Anspielung«, vermeldet er. »Schon wieder ein Hinweis auf Erotisches.« – »Geht denn euch gar nichts anderes durch den Sinn?« – »Muß es denn immer Thema Nummer eins sein?«

Die größten Eiferer gegen Erotik und Sexualität waren stets jene, die ihre diesbezüglichen Bedürfnisse so stark empfanden, daß sie diese als Laster ansahen. Selbst wenn zwei Menschen ein und derselben strengen Konfession angehören, sagen wir dem Katholizismus, dann wird der eine über gewisse Forderungen des Körpers schmunzeln, der andere aber sofort eine Abwehrstellung einnehmen.

Menschen, die am stärksten unter ihrer Sexualität leiden, sprechen davon so ungern wie von einem geheimen Laster. Reagieren Frauen sehr negativ auf erotische und sexuelle Themen, ist an eine *Idealisierung der Frau* zu denken, also an eine Herabsetzungstendenz. (»Wir Frauen sind schließlich etwas viel Besseres als ihr Männer, die ihr immer nur an das eine denkt.«) Naheliegend ist aber auch der Gedanke, daß sie solche Themen von sich weisen, weil sie ihnen gefährlich werden können. Oder aber sie wollen über ganz andere Mechanismen auf den Mann einwirken: ewige Treue, geistig-seelische Bindung. Oder die Dame will das, was einen Mann an ihr interessiert, so rar und so schwer zugänglich machen, daß er nur gegen Bezahlung eines hohen Preises an diese Kostbarkeiten herankommen darf.

Hinter der *Idealisierung von Erotik und Sex* kann eine starke Beherrschungstendenz oder, was mit umgekehrten Vorzeichen auf das Gleiche herauskommt, eine ausgeprägte Unsicherheit stecken. »Erst wenn du mir bewiesen hast, daß es dir nicht auf kurzen Genuß, sondern auf ›höhere, dauerhafte Werte‹ ankommt, laß ich mich mit dir tiefer ein.« – »Heirate mich, dann kannst du mich haben«, ist eine einstmals gängige, heute allerdings nicht mehr sehr verbreitete Denkformel.

Menschen mit einer Neigung zur Idealisierung von Erotik und Sex tendieren zur *Konvention,* zur Konvention in Kleidung und Schmuck, zur Konvention auch in der Sprache. Streng achten sie auf die Einhaltung der erotischen Abfolge: erst Blickkontakt, dann Vorstellung durch Dritte, dann Kennenlernen im Gespräch, dann erste, halb intime Berührungen, zum Beispiel beim In-den-Mantel-Helfen, – dann ein Kuß auf die Wange, schließlich ein Kuß auf die geschlossenen Lippen, dann der Zungenkuß. Keine der von der Konvention vorgesehenen Stufen darf ausgelassen werden, ohne daß der Vorwurf erfolgen würde: »Dir geht's ja doch nur um Sex.«

Idealisierende Männer spielen gerne dieses Schauspiel mit und beweisen viel Sinn für Äußerlichkeiten: einwandfreie Kleidung, Theaterbesuch, anschließend Souper bei Kerzenschein, Gute-Nacht-Kuß an der Haustür. Doch Vorsicht: schon manche Frau mußte später feststellen, daß ein Zuviel an Aufmerksamkeiten des »Kavaliers der alten Schule« nicht Vornehmheit war, sondern *Potenzschwäche* oder gar angeborenes Desinteresse am anderen Geschlecht, weil vielleicht sogar eine latente homosexuelle Neigung vorlag.

Spielen beim Kauf von Autos, Möbeln, Kleidung und anderen Gegenständen, mit denen Status ausgedrückt werden kann, sehr häufig noch andere als rein geschmackliche Überlegungen eine Rolle, zum Beispiel Fragen der Sicherheit, der Abschreibung, der Lebensdauer, so beschränkt sich die *Funktion des Schmucks* auf die Dekoration seines Trägers. Deshalb verrät Schmuck weit mehr über den Geschmack seines Trägers als die genannten Güter. Schmükken, schmecken, Geschmack – das sind ja etymologisch verwandte Begriffe!

Da es in diesem Kapitel um die Masken der Liebe geht, wollen wir uns hier auf die erotischen Signale beschränken, die durch Körperschmuck zum Ausdruck kommen. In anderem Zusammenhang werden wir auf weitere Botschaften des Schmucks eingehen.

Es ist eine Binsenweisheit, daß *das Färben grauer Haare* das kalendarische, vielleicht aber auch das biologische Alter verbergen soll, und das ist heutzutage um so notwendiger, als bereits Fünfzigjährige keine großen Berufschancen mehr haben, es sei denn, sie sind arriviert. Bei Arrivierten, Etablierten mag graues Haar wieder als das genommen werden, was es einmal war: Ausdruck der Lebenserfahrung, der Reife, der Ausgewogenheit. Es bedarf wohl keiner Diskussion, daß diese positive Bewertung grauer Haare im Alltag bei weitem nicht so häufig Bestätigung findet.

Je weiter sich gefärbtes Haar von natürlichen Farben entfernt, um so stärkeren Signalcharakter besitzt es. Sie betreten ein Restaurant und sehen sofort an einem Tisch in der Ecke einen strohblonden Wuschelkopf, darunter ein Gesicht von ungefähr fünfzig oder sechzig Jahren. Ihr Urteil: Viel zu auffällig gefärbt! Will um jeden Preis auffallen und Jugendlichkeit vortäuschen.

Grün, violett oder blau gefärbtes Haar verrät: jeder soll sehen, daß ich mir die Haare färbe, aber ich wähle die Farbe, die mir gefällt. Ich habe es nicht nötig, etwas zu »vertuschen«, eher will ich schockieren, provozieren. Wie stark sich solche Menschen von der Konvention absetzen wollen, führen uns gegenwärtig die Punker mit ihren extravaganten Frisuren und Haarfarben vor. Läßt sich jemand in noch naturfarbenes Haar eine graue Strähne präparieren, können wir daran denken, daß er signalisiert: Mein Alter ist besonders empfehlenswert: nicht mehr das kleine Mädchen, aber auch noch nicht die alte Frau. In der Tat kann eine Vierzigerin, die dieser Qualifikation entspricht, noch der Traum eines jungen Mannes oder schon das

Glück eines älteren Herrn sein. Männer, die solcherart ihr Haar ganz oder stellenweise grau tönen, haben bestimmt schon etwas von den erhöhten Chancen des »graumelierten Herrn« gehört. Sie empfehlen sich auch in der Berufswelt für Aufgaben, die Verantwortungsgefühl, Sinn für Maß und Erfahrung erfordern. Aber diese deutliche Selbstempfehlung sollte auch vorsichtig machen: Wer soviel Seriosität nach außen demonstriert, läßt sie im Innersten vermutlich vermissen.

Gebräunte Haut sieht gesünder aus (was sie in sehr vielen Fällen nicht ist) und deutet auf sportliche Aktivitäten. Wer Tennis und Golf spielt, segelt, reitet oder Berggipfel erklimmt, mit dem ist zu rechnen, am Arbeitsplatz wie im Bett. Er ist sportlich, fair, notfalls hart zu anderen, aber auch zu sich, ein Kämpfer und doch ein Kamerad. Die Verkaufserfolge von Heimsolarien sind auf diese Vorurteile zurückzuführen.

Tragen Männer *Krawattennadeln, Brillanten* am Armband oder *Hochkaräter* am Finger, handelt es sich meist um Prestigeschmuck. Man zeigt, was man sich leisten kann und übt damit auf sehr viele Frauen Anziehung aus. Ohne Zweifel verschönt die Möglichkeit, Besitz vorzeigen zu können, den Besitzer in den Augen nicht weniger Frauen mehr als körperliche Reize. Ein Zuviel an derart geschmückter Männlichkeit wirkt bestenfalls peinlich.

Das *Goldkettchen,* das junge Männer gern um den Hals tragen, verrät dagegen den Protest gegen die Leistungsgesellschaft, gegen die nüchterne Sachlichkeit der Manager, gegen Militarismus und gegen alles, was das Leben verdinglicht und weniger menschlich macht. Außerdem paßt es zum offenen Hemd, das dann gern so weit aufgeknöpft wird, daß Männlichkeit signalisierende Brusthaare voll zur Geltung kommen.

Aber auch die *unifarbene Krawatte* kann Männlichkeit ausdrücken wollen. »Ich unterwerfe mich zwar der Konvention. Denn der im Berufsleben stehende Mann trägt nun einmal eine Krawatte. Wenn aber Krawattentragen schon keinen Sinn hat, dann möchte ich wenigstens mit einem Minimum an Krawatte auskommen. Rational und sachlich, immer rationell und sachlich!«

Ganz anders das Signal einer Krawatte, der man ansieht, mit wieviel Überlegung sie zunächst im Laden und später dann im Kleiderschrank ausgesucht worden ist. Sie besitzt dekorativen Charakter. Abgestimmt zu Hemd und Anzug steht sie für Geschmack, Lebensart, savoir vivre und Weltgeläufigkeit.

Die wenigsten Männer, die um die Handgelenke *Ledermanschetten* tragen, leiden an Sehnenscheidenentzündungen. Vielmehr wollen sie damit nur die Männlichkeit ihrer Arme und ihrer ganzen Persönlichkeit unterstreichen – eine sehr handfeste Männlichkeit übrigens, denn derartige Acessoires signalisieren, daß der Träger auch vor einer Auseinandersetzung mit der Faust nicht zurückschreckt. Dies gilt generell für *Lederkleidung,* zum Beispiel überbreite Gürtel, lederne Jacken und Hosen, Lederhandschuhe mit langen Manschetten (für Männer) oder Lederschaftstiefel. Sie waren zweckmäßig für ein hartes Leben am Rande der Zivilisation, wie es berittene Hirten, Holzfäller und Fallensteller etwa in der Pionierzeit Nordamerikas führten. Wer sich im behüteten Leben der Hochzivilisation mit dergleichen aufputzt, signalisiert Aufbegehren, unbefriedigte Abenteuerlust, vielleicht sogar eine gewisse »Outlaw«-Gesinnung. Für den Motorradfahrer freilich ist die Lederkombination in erster Linie Schutzkleidung. Seine Entscheidung für dieses gefährliche Fortbewegungsmittel ordnet ihn jedoch zumindest am Rande dieser Gesinnungsgruppe zu. Leder gehört schließlich noch zum Erscheinungsbild der Domina, die mit erotischer Lederwäsche und Lederpeitsche die Triebe ihrer masochistischen Kunden befriedigt.

Völlig entgegengesetzte Eigenschaften verrät die Vorliebe für *Pelze.* Sie signalisieren Sinn für Prestige, wenn der Pelz wertvoll ist, aber auch Neigung zu allem Kuscheligen, Einschmeichelnden, Sinnenfreudigen.

Tätowierungen sollten wir sehr vorsichtigt interpretieren. Oft sind sie das Resultat einer Gemeinschaftsaktion, etwa der alkoholfeuchten Party einer Clique. Da läßt sich dann einer, um kein Spielverderber zu sein, schon einmal einen Pfeil, einen Anker oder pralle Mädchenbusen einritzen und bedauert es schon, kaum daß er dafür bezahlt hat.

Völlig unterschiedlich sind auch die Signale, die von *Anstecknadeln* ausgehen. Sie können von Kraft und gesichertem Wohlstand künden, wenn der Besitzer mit seinen grauen Haaren etwa das Emblem eines Flugsport- oder Segelclubs, vielleicht gar das Abzeichen von *Rotary* oder *Lions* trägt. Sie stehen für missionarischen Eifer bis hin zum Fanatismus, wenn es sich um Abzeichen von Parteien oder anderen politisch-weltanschaulichen Vereinigungen handelt. Wer Abzeichen trägt, will sich kennzeichnen, will zeigen, was in ihm steckt und damit auch erotische Zeichen setzen.

Diesem Zweck dient auch das Make-up das durch Puder und Farbe ein Gesicht so gefällig wie nur möglich machen will. Dadurch soll der Eindruck von gesunder, glatter Haut, gut durchbluteten Lippen und feurigen Augen erweckt werden – alles Attribute der Jugend. Denn selbst wenn der Mann an allem, nur nicht an Sex interessiert ist, fühlt er sich doch von der fortpflanzungsfähigen Frau mehr angezogen als vom Kind oder der Frau nach der Menopause.

Dabei hängen Art und Intensität des Make-ups weitgehend von Moden und anderen kulturellen Einflüssen ab.

Frauen, die *Kettchen um Bauch oder Fußknöchel* tragen, betonen ihre Weiblichkeit, indem sie männliche Blicke auf Köperpartien lenken, die den Mann sexuell stimulieren.

Weniger deutlich sind dagegen die Signale des Handschmuckes. In unseren Kulturregionen ist, wie schon der Name sagt, der *Ring* für den Ringfinger gedacht. Im allgemeinen werden dort Verlobungs- und Eheringe getragen aber auch reine Schmuckringe. Wer davon abweicht, will damit etwas signalisieren. Ein Ehering am kleinen Finger schwächt die Bedeutung des Signals ab. »Ich trage zwar einen Ehering, weil ich mich zu meiner Ehe bekenne, aber ganz so genau brauchen wir die Sache auch wieder nicht zu nehmen.« Dagegen unterstreicht die Plazierung des Rings an Mittel- oder gar Zeigefinger die Aussage. Der Zeigefinger dient als Waffe, mit dem ich auf den Schuldigen deute. Wenn ich meine Worte unterstreichen will, hebe ich ihn. Menschen, die für sich keine Schranken akzeptieren, tragen ihre Ringe gern am Zeigefinger, wie sich an überkommenen Fürstenportraits oft beobachten läßt.

Menschen, die *kleinen, aber arbeitsaufwendigen Schmuck tragen,* betonen ihre Gutbürgerlichkeit, ihr Herz für Leistung, Zufriedenheit mit ihrer Welt, Beständigkeit. Wer heute den und morgen einen anderen wenig wertvollen *Modeschmuck* anlegt, zeigt damit seine Flexibilität, betont die Fähigkeit, in mehrere Maskeraden schlüpfen zu können und keine besonders ernst zu nehmen.

Die durch Körperschmuck ausgesandten Signale mögen anziehend oder abstoßend, mitunter sogar ausgesprochen lächerlich wirken, sie sind aber in jedem Fall Zeichen der engagierten Teilnahme am erotischen Wettbewerb. Gefährlich ist es hingegen, wenn an einem Menschen keine einzige der hier aufgezählten Schmucktendenzen festzustellen ist. In diesem Fall besteht der Verdacht einer beginnenden oder bereits ausgebrochenen Depression.

Depressive verlieren so sehr den Bezug zu ihrer Umwelt, daß sie die Körperhygiene vernachlässigen, sich zum Beispiel nicht mehr baden, waschen oder rasieren wollen. Sich irgendwie zu dekorieren, käme ihnen nie in den Sinn. Häufig erkennt der Therapeut, daß der Patient dabei ist, seine Krise zu überwinden, daran, daß er sich wieder mehr pflegt. Da holen dann Frauen vorsichtig-zaghaft die ersten Schmuckstücke wieder aus der Schatulle, gehen zum Friseur und lassen sich die Haare tönen.

Was aber nun, wenn ein Mensch von ungebrochenem Selbstbewußtsein sehr wohl die Zeit und die Mittel besäße, sich zu schmücken, dies aber grundsätzlich unterläßt? Er will uns verkünden: »So wie ich mich sehe, so wie ich bin, habe ich keinen Anlaß, mich zu schmücken. Ich habe nichts zu verbergen, ich habe nichts zu verschönen. Ihr müßt mich nehmen, wie mich die Natur gemacht hat.« Eine solche Haltung braucht nicht Ausdruck von Bescheidenheit zu sein. Hinter dieser »Natürlichkeit« kann nicht nur eine gesunde Portion Selbstsicherheit stecken, ja diese Natürlichkeit kann auch die Maske und die Maskerade großer Eitelkeit sein. Schon mancher trug die schlichteste Mönchskutte wie ein Pfau sein Rad und fühlte sich viel bedeutender als Majestäten mit Zepter, Krone und Hermelin.

5
Menschen und Masken

Die Masken der Angst

Die Angst hat ebenso wie das Streben nach Machtgewinn biologische Ursachen. Zur Rekapitulation: Der Mächtige hat größere Überlebenschancen, kann also mehr für die Erhaltung der Art tun als der Kümmerer, und mit welcher Verzweiflung Lebewesen um ihre Existenz kämpfen, sehen wir in dramatischer Form zum Beispiel am Ertrinkenden oder an dem um seine Sicherheit kämpfenden Tier. Dann kann selbst aus einem Schoßhündchen eine angsteinflößende Bestie werden.

Wenn wir alle anderen Aspekte beseite lassen, kommen wir zu der Einsicht, daß dem Streben nach Machtgewinn auch eine Komponente der Angst zugrunde liegt. Selbst die Suche nach Behagen kann von der Angst vor Unbehagen begründet sein. Wir tun deswegen gut daran, bei unseren Demaskierungsversuchen nie das Forschen nach der *Komponente Angst* zu vergessen. Übrigens liefert dem Psychiater die irrationale Angst, also Angst ohne erkennbaren Grund, die schwierigsten Fälle in seiner Praxis.

Mehr oder weniger offen bekennt sich der *Unterwürfige* zu seiner Angst. Er will den Stärkeren, der ihm zur Gefahr werden könnte, wie eine Mine entschärfen. Er will ihn für sich gewinnen, mehr noch, ihn sich zum Freund machen, weil er glaubt, vom Freund eher Gutes erwarten zu können als von Gleichgültigen oder von Feinden.

Selbst beim Kellner, Friseur, Verkäufer, der mit gespielter Unterwürfigkeit liebedienert, spielt die Furcht mit, er könnte bei weniger ausgeprägter Unterwerfung sein Ziel verfehlen: ein gutes Trinkgeld oder den angestrebten Kaufabschluß. Unterwürfigkeit braucht aber nicht immer in der Maske eines krummen Rückens aufzutreten. Der weltmännisch-selbstsichere Barkeeper, der kulinarisch gewandte Oberkellner und Kellermeister, der ästhetisch versierte Schneidermeister oder Ausstatter verstehen es, ihren Wunsch, den anderen für sich zu gewinnen, hinter dem Anschein selbstloser Anbietung um Vorteilen zu tarnen.

Der *Vorsichtige* sieht, wie der Begriff schon sagt, vor, welche Gefahren ihm erwachsen können, und entscheidet sich für ein kalkuliertes Risiko, wenn er nicht pathologisch vorsichtig ist. Pathologisch vorsichtig ist, wer ein Übermaß an Absicherung erwartet. Millionen Menschen überlassen täglich Banken ihre Ersparnisse in der Gewißheit, sie morgen wieder abheben zu können. Der pathologisch Vorsichtige bewahrt sie ihm Strumpf unterm Kopfkissen auf, denn er wird von einer logisch unbegründeten Angst vor Unglück verfolgt. Menschen, die in ihren Kindertagen Zeugen wurden, wie die Not in ihrer Familie Einzug hielt, leiden oft an einem *Verarmungskomplex* und werden zu *Geizkranken,* mitunter aber auch zu unersättlichen *Verschwendern.* Die Lust am Verschwenden soll in diesen Fällen die Erinnerung an die Tage des Elends verdrängen. So fraß sich der stimmbegnadete Tenor MARIO LANZA, ein Multimillionär, buchstäblich zu Tode, aus der Angst heraus, es könnte ihm noch einmal so schlecht ergehen wie in den ersten Jahrens seines Lebens. Der Geizige sieht dagegen mit detaillierter Phantasie voraus, welches Unglück ihm widerfahren könnte, wenn er nicht alle seine Mittel eifersüchtig bewacht, sie vor Schmarotzern schützt und stets die Kontrolle über alle Ausgaben behält.

Selbst eine bestimmte Form der *Religiosität* kann ihre Wurzeln im ängstlichen Sicherheitsstreben haben. Der französische Philosoph BLAISE PASCAL ventilierte solche Überlegungen in seinem *»pari«,* einer Wette, ja einer Art Berechnung, die typisch für den großen Mathematiker ist. Pascal wägte ab: Ich weiß nicht, ob es ein Weiterleben nach dem Tod gibt. Ich weiß auch nicht, ob ich, wenn es ein Weiterleben nach dem Tode gibt, für meine Taten auf dieser Erde zur Rechenschaft gezogen werde. Aber nehmen wir einmal an, es gibt ein Weiterleben nach dem Tode und ich werde für meine irdischen Taten zur Rechenschaft gezogen, wie dies die christlichen Kirchen lehren. Lebe ich auf Erden christlich, muß ich zwar gelegentlich auf das eine oder andere kleine Vergnügen verzichten, das meine Religion als verwerflich aburteilt. Aber was ist das im Vergleich mit ewiger Verdammnis in der Hölle? Werde ich dagegen im Jenseits nicht für meine irdischen Taten zur Rechenschaft gezogen, weil es kein Jenseits gibt, dann habe ich zwar auf die eine oder andere kleine Annehmlichkeit verzichtet. Aber was bedeutet das gegenüber dem Risiko, für immer und ewig verdammt zu werden?

Die *Angst vor Neuem,* die *Angst vor Entschlüssen und Entscheidungen* entspringt oft mangelndem Glauben an sich selbst. Der Betreffende sieht dann nur noch Konflikte, sich widersprechende Fakten und flüchtet in eine Konfliktneurose, die ihn davor bewahrt, Entscheidungen treffen zu müssen.

Da ist der Junggeselle, der immer wieder die »Frau fürs Leben« trifft, sich mit ihr verlobt, zumindest aber mit ihr die Zukunft plant und dann kurz vor der Verwirklichung der Pläne aus irgendeinem Grund abspringt. Meist ist sie dann doch nicht so, wie er sich seine Frau erträumt hat. Unter demselben Phänomen leidet die alte Jungfer, die »trotz vieler Verehrer« nie den Richtigen finden konnte und deshalb ledig blieb. Beide haben *Angst vor dem Endgültigen.* Sie mögen auch die *Übernahme von Verantwortung* fürchten, oder aber den Verlust ihres Persönlichkeitsbildes, in das sie unbewußt verliebt sind. Sie können nicht das »Ich gebe, damit du gibst« der Liebe akzeptieren, oder auch nur Kompromisse hinsichtlich ihrer eingefahrenen Lebensgewohnheiten schließen. Aus Überheblichkeit oder aus Mißtrauen glauben sie, bei einem solchen Handel ein schlechtes Geschäft abzuschließen.

Schüchternheit beruht auf der Angst, Erwartungen nicht zu erfüllen. Da ist die Angst des Schauspielers oder des Redners, steckenzubleiben oder anderweitig zu versagen. Da vergleicht jemand sein Aussehen und sein Auftreten mit übertriebenen Idealvorstellungen und kommt zu dem Schluß, daß die Wirkung hinter den Erwartungen zurückbleiben muß. Aber auch *Arroganz* kann Ausfluß von Angst sein. Viele junge Menschen, die mit provokatorischem Benehmen nur ihre Unsicherheit überspielen wollen, werden als überheblich abgestempelt. Somit begegnen wir hier der Rüpelhaftigkeit unter einem ganz anderen Aspekt.

Jeder Lehrer kennt den Schüler, der sich aufdringlich oft und intensiv meldet, Fragen stellt und andere Zeichen von starkem Interesse am Unterricht liefert. Ob der Pädagoge wohl immer daran denkt, daß sich hinter solchem Verhalten die Angst verbirgt: Bekommt mein Lehrer überhaupt mit, wie sehr ich mich anstrenge? Wie ich mich bemühe, es ihm recht zu machen? Wie ich Angst davor habe, zu versagen und das Ziel nicht zu erreichen?

Auch die vielgerühmte *Pflichterfüllung,* zugunsten einer

leistungswilligen Zuverlässigkeit, die Überwindung des »inneren Schweinehundes« drücken meist nur die Angst vor Versagen aus, die Furcht vor dem Pranger und vor der beruflichen Peinlichkeit gesellschaftlicher Ächtung. Es wird wohl nie zu ermitteln sein, ob Schüler und Studenten mehr aus Interesse an der Sache, Freude am Erfolg oder aus Angst vor dem Versagen in Prüfungen lernen.

Mißtrauen wird entweder der Klugheit oder aber der Unsicherheit zugordnet, wobei die Trennungslinie schwer zu ziehen ist. Ein Bankangestellter, der einen Kredit bewilligt, ohne gewisse Prüfungen angestellt zu haben, verstößt gegen die in seiner Branche gültigen Regeln genauso wie ein Kraftfahrer, der nicht von Zeit zu Zeit sein Fahrzeug auf technische Sicherheit überprüfen läßt. Mißtrauen kann sich aber auch bis zur Paranoia, bis zum Verfolgungswahn steigern, wenn nämlich jemand allenthalben unlautere Absichten, Fußangeln, Hinterhalte und Verschwörungen wittert. Mancher Unglücksrabe provoziert seine eigenen Mißerfolge, weil bereits der Zweifel am Gelingen eines Unternehmens die eigenen Fähigkeiten mindert. Auch *Eifersucht* stellt, wie erwähnt, meist den Eigenwert in Frage und resultiert aus der Angst, man würde den Erwartungen des Partners nicht gerecht.

Ganz anders *kategorische Menschen* die gern als Haus- oder Bürotyrannen oder Perfektionisten auftreten: Sie verlangen oft von anderen Leistungen, die sie sich selbst nicht zutrauen. So fordert von seinen Kindern jener am meisten schulische oder berufliche Erfolge, der selbst versagte, als er dazu die Chance hatte.

Jahrhunderte alt ist die Diskussion über das Wesen des *Gewissens.* Dabei kann die Auffassung der Kirche, wonach das Gewissen ein Anhängsel des Menschen sei wie Arme oder Beine, Herz oder Leber, von der Psychologie nicht akzeptiert werden. Gewissen ist – aus psychologischer Sicht – anerzogen, ist Dressurakt, Über-Ich und stellt die Reaktion des Individuums auf die moralischen Prinzipien und die Verhaltensnormen der sozialen Gruppe dar, der es angehört. Gewissen ist beim religiösen Menschen die Angst vor der Strafe Gottes, bei allen Menschen die Angst vor der schlechten Meinung, der Strafe, oder dem Liebesentzug der anderen, insbesondere auch höhergestellten Autoritäten oder wichtiger Bezugspersonen, wie Eltern, Ehepartner, Lehrer, Arbeitgeber, Vorgesetzte, Amtspersonen und so weiter. Daß wir nicht noch öfter religiöse und menschengerechte, geschriebene und ungeschriebene Gesetze übertreten, beruht in erster Linie auf unserer Angst vor Bloßstellung, die wir *Scham* nennen.

Angst vor Bloßstellung verfolgt auch den *Snob,* etwa die Angst, gegen die Normen einer gewissen extravaganten Elite zu verstoßen, als Hinterwäldler zu gelten, nicht »in« zu sein oder sich mit etwas anderem als dem Besten zufriedengeben zu müssen. Der Snob ist der *Konformist* par excellence, der Angleicher um jeden Preis, auch um den der Lächerlichkeit, denn er gleicht sich nicht der Norm des »Normalen« an, sondern der des »ganz Besonderen«. Aus Angst vor dem Urteil der Gesellschaft versucht sich der Snob über diese zu erheben.

Ängste beherrschen nicht nur unser privates, sondern auch das gesamte öffentliche Leben. Welch große Rolle sie spielen, beweisen unter anderem auch die Milliardenbeträge, die bei dem Geschäft mit der Angst aufgebracht werden. Doch gehört dieses Thema in den Zuständigkeitsbereich von Theologen, Politikern, Militärs, Versicherungskaufleuten und all den vielen, die sich systematisch überlegen, wie sie mit Hilfe der Angst das Geld aus fremden Taschen in ihre eigenen bringen können.

Maskeraden, hinter denen sich Ängstliche verstecken

Wer Angst zeigt, lädt einen möglichen Gegner zum Angriff ein und macht ihm Mut: Siegesaussichten beschwingen. Darum versucht sich Angst im doppelten Sinne des Wortes zu verstecken: In eine aussichtslose Lage versetzt, greifen selbst schwache Tiere mit dem Mut der Verzweiflung überlegene Feinde an. Bewußt oder unbewußt werden die Maskeraden des Ängstlichen von dem Streben diktiert: Nur ja keinerlei Ängste zeigen!

In meinen Seminaren kommt es immer wieder vor, daß Teilnehmer bei dem Thema Angst fragen: »Was ist das eigentlich: Angst? Ich kenne keine Angst oder Ängste.«

Frei von Ängsten sein, sagt der Psychiater, ist ein Krankheitsbild – so wie es nicht normal ist, keinen Geschmacks- oder Geruchssinn zu besitzen. Gerade Angsthasen geben vor, keine Angst zu kennen, während der Tapfere sehr wohl zu seinen Ängsten steht, und ein persönliches Ziel in der Überwindung seiner Ängste erblickt.

Demonstrativ zur Schau getragene Selbstsicherheit signalisiert in vielen Fällen nackte Angst: Angst kann ein stereotypes Lächeln produzieren. Angst läßt den lampenfiebrigen Redner eine *Hand in die Hosentasche* stecken, Angst versetzt den Stellenbewerber, den zum Chef beorderten Lehrling, Schüler oder Angestellten in die betont *lässige Körperhaltung* eines Weltmannes, der in einen Sessel versunken mit Freunden seines Klubs plaudert.

Angst kann *renitent* machen, zum Widerspruch um des Widerspruchs willen reizen oder aber zum Angriff verlokken. Wer *schreit,* hat unrecht. Wer auf den *Tisch schlägt,* hat nichts zu sagen. Wer *Haare spaltet,* will sichergehen, daß sein Unterscheidungsvermögen zur Kenntnis genommen wird.

Ängstliche, die wenig Vertrauen in die Kraft ihrer Argumente setzen, berufen sich gern auf anerkannte Persönlichkeiten, indem sie diese *zitieren.* Sie berufen sich auf andere, rufen sie sozusagen als Zeugen herbei, daß ihre eigenen Äußerungen zu Recht bestehen, *»ganz gewiß wahr«* sind und sich ein Vorfall *»auf Ehrenwort«* genauso zugetragen hat, wie von ihnen geschildert.

Der Ängstliche bietet seinem Zuhörer oder Leser gern *mehr Details, als zur Beweisführung notwendig sind.* Darum fallen die Ausführungen manches Angsthasen so umständlich und langatmig aus. Fragen wie: »Muß ich dieses Detail wissen, um den Vorgang zu verstehen?« oder »Ist dieses Detail in diesem Zusammenhang wichtig?« müßte der Ängstliche zwar oft verneinen. Gern möchte er dann aber hinzufügen: »Ich wollte Sie aber darüber informieren« – und denkt sich dabei: »Damit du siehst, wie all das, was ich dir berichte, begründet und überlegt ist. Damit du überhaupt siehst, wieviel Mühe ich mir gebe, welch zuverlässiger Mensch ich bin, auf den du – hoffentlich – nie verzichten möchtest. Und damit sich ja kein Gegenargument erheben kann . . .«

Ängstliche bedienen sich gern des *Stils von Rechtsanwälten* oder *Berufsdiplomaten,* daß heißt sie halten sich Schlupflöcher offen oder relativieren ihre Aussagen mit Floskeln wie: »Damit soll beileibe nicht gesagt oder behauptet werden, daß . . .«

Einer der Gründe für die Bürokratisierung in Behörden, Großindustrie und Handel und für deren Schwerfälligkeit beruht auf dem *Schutzbedürfnis von Ängstlichen,* die sich absichern wollen und nicht den Mut zu eigenen Entscheidungen aufbringen. Das brauchen gar nicht immer Subalterne zu sein, sondern sie können sich genauso häufig auf den Chefetagen befinden. Nichts gegen *Teamarbeit* – aber ist der mühsam erzielte Konsens des Teams nicht oft die Schutzmauer, hinter der sich der entscheidungsschwache Chef verbirgt?

Auch die Flut von *Aktennotizen* ist nicht immer auf die Profilneurose ihrer Verfasser zurückzuführen. Oftmals verbirgt sich dahinter nichts als der kleinlaute Versuch zu melden: »Schaut her, wie ernst ich die Angelegenheit nehme. Ich will ja gar nicht befördert werden, aber nehmt wenigstens zur Kenntnis, daß ich ein Mitarbeiter bin, den zu kündigen nicht im Interesse der Firma läge.«

Menschen mit Geist verstecken ihre Ängste gern hinter *Witz* und *Selbstironie,* etwa wenn jemand schildert, was er bei dieser und jener Gelegenheit alles mitgemacht habe und dabei übertreibend die Zuhörer belustigt.

Angst kann sich auch hinter einem ansehnlichen Waffenarsenal verbergen. Den Lauf einer Schußwaffe braucht man nicht nur als den verlängerten Penis des bewaffneten Mannes zu interpretieren, wie Tiefenpsychologen der Schule SIGMUND FREUDS es taten; hinter dem *Besitz von Waffen* kann und wird weit häufiger nackte Angst stecken. Bei dem Gedanken, daß sich nachts ein Gewaltverbrecher in den Keller des Einfamilienhauses eingeschlichen haben könnte, wäre manchem mit einem Revolver in der Rechten etwas wohler zumute als mit einem Kleiderbügel.

Der größte Angsthase unter meinen Bekannten liebt Westernfilme über alles und bricht immer wieder in den Entzückensschrei aus: »Das waren noch Männer!« In seiner Phantasie führt auch er ein Leben von der abenteuerlichen Intensität eines JACK LONDON. In Wirklichkeit lebt kein Bibliothekar oder Finanzbuchhalter während der Dienstzeit beschützter als er. Seine Waffensammlung enthält nicht nur historisches Schießzeug, sondern auch sehr moderne Waffen, für die er als amtlich vereidigter Waffenspezialist Kisten voll von Munition bereithält, die ausreichen würden, dem Angriff einer ganzen Kompanie auf seinen Wohnhügel tagelang standzuhalten. Eine Sprechanlage sortiert jeden Besucher aus, bevor er gefährlich werden könnte, und nachts schützen ihn an der Außenseite des Hauses angebrachte *Scheinwerfer- und Sirenenanlagen.* Dabei ist der Mann so wenig bedroht wie Sie und ich mit unseren Brotmessern als einzigen Waffen.

Der gleichen Ängste bedient sich die Werbung für Bodybuilding, die ganz offen auf die angstbetonten Minderwertigkeitskomplexe von schmalschultrigen Schreibtischmenschen anspielt, die respekteinflößende Brustweiten und Muskeln anstreben.

Wer sich bedeckter präsentieren will, ist auf eine *Kleidung* bedacht, die nicht beanstandet werden kann, sozusagen auf einen gesellschaftlichen Schutzanzug. Vielfach bringt der Ängstliche nicht den Mut auf, der Mode vorauszureiten, aber er schreckt auch vor der Vorstellung zurück, der Mode nachzuhinken und nicht zu wissen, was »man« jetzt trägt. Da ist es nur noch ein kleiner Schritt zur Uniformierung ... Aber es genügt ihm nicht zu wissen, daß er korrekt gekleidet ist. Er muß sich zwanghaft immer wieder vom *perfekten Sitz seiner Gewandung* überzeugen. Griffe zur Krawatte, Sakkoknopf auf, Sakkoknopf zu, Lage der Bügelfalte im oberen Drittel der Hose ... – all das beschäftigt ihn auch während der größten Konzentration auf andere Dinge.

Ähnlich angstvoll wacht er darüber, daß sein *Haus, seine Wohnung,* seine *Frau* oder *die Kinder* den Erwartungen entsprechen. Man kann niemand einladen, wenn nicht Geschirr, Besteck, Sitzgelegenheit perfekt sind. Ängstliche Gastgeber verbreiten Unruhe. Wiederholt fragen sie, ob man auch gut sitze, ob es nicht ziehe, zu kalt oder zu warm im Raume sei. Beständig beobachten sie den Gast und würden ihn am liebsten an einen Dauertropf hängen, damit ihm ja nichts abgehe. Nimmt er den ersten Bissen von einer Speise, hängen die Augen der Hausfrau an ihm, um festzustellen, wie seine Geschmacksnerven darauf reagieren. Diese *Liebenswürdigkeit* entspringt dann sehr oft der Angst, nicht zu gefallen und falsch eingeschätzt zu werden.

Frauen, die ihrer Familie oder Gästen wenig an Geist, Charme oder gutem Aussehen zu bieten haben, versuchen manchmal zwanghaft, ihre Bedeutung für die Familie zu betonen, indem sie *perfekte Haushaltsführung* vorexerzieren. Da haben sie endlich ein Gebiet, auf dem sie ihre unschlagbare Überlegenheit zeigen können. Deswegen reitet sie der *Putzteufel* besonders gern vor Zuschauern. Auch eine nur geringfügige Störung dessen, was eine solche Superhausfrau für *Ordnung* hält, erweckt in ihr einen starken Leidensdruck, der sich in Protesten oder aber in stillem Schmollen (auch eine Form des Protestierens, kombiniert mit einer Erpressung) kundtut.

Ihr verängstigter Mann tobt sich vielleicht inzwischen als *Perfektionist an seinem Arbeitsplatz* aus, gibt nichts aus der Hand, was er nicht ein zweites, ein drittes Mal »gecheckt« hat, er versteht es, aus vier Zahlen eine Statistik zu machen, diese mittels verschiedener Techniken graphisch darzustellen, er würde aus Gründen der Absicherung am liebsten die vierfache Buchführung einrichten, damit ja nichts schiefgehen kann.

Vermutlich ist er auch in *Formulare* verliebt. Die Idee, daß irgendwo improvisiert werden könnte, bereitet ihm soviel Unbehagen wie dem Geizkragen die Mitteilung, daß im Klo ein Wasserhahn gemächlich tropft oder im Keller eine Vierzig-Watt-Glübirne über Nacht unnütz gebrannt hat. Ein umfassendes Formular, gut ausgefüllt, ist für ihn wie das Tuch, das die Feuerwehr für Gefährdete ausbreitet, die aus einem brennenden Haus springen müssen. Der unternehmerische Mensch trachtet danach, trotz behindernder Vorschriften seine Effizienz zu erhöhen, während es dem ängstlichen Beamtentyp nicht um Leistung geht, sondern um die peinlich genaue Beachtung der Vorschriften.

Ängstliche Menschen können einerseits haarspalterisch ihren Standpunkt verteidigen, sie können aber auch *sofort gefügig einer anderen Meinung zustimmen,* nämlich der des Stärkeren. Aus Angst anzuecken, wird dann der Ängstliche zum vorbildlichen *Opportunisten.* Wie ambivalent ein und dieselbe Maskerade sein kann, zeigt sich besonders an dem Beispiel des Opportunismus. Denn nicht weniger opportunistisch ist auch der rotzfreche Draufgänger, wenn er sich davon einen Vorteil verspricht.

Ähnlich ambivalent müssen wir die *Flexibilität* des Ängstlichen in der Unterhaltung und bei Verhandlungen bewerten. Stößt er auf Widerstand, zieht er sofort seine Meinung zurück und behauptet das Gegenteil oder »schließt sich der Meinung des Vorredners an«. Ebensolche Flexibilität kann sich aber andererseits auch der sehr Selbstsichere leisten, dem es genügt, einen schwerwiegenden Einwand gegen seine Äußerungen festgestellt zu haben, um diese als unbrauchbar zurückzuziehen. Er kann sich so etwas leisten. Die Fassaden von Selbstsicheren geraten nicht so schnell ins Wanken.

Der Wunsch nach Freiheit und seine Masken

»Die Freiheit ist ein vager Begriff«, sagte OTTO VON BISMARCK. Dieser vieldiskutierte, doch vage Begriff würde sicherlich auch durch weitere Definitionsversuche nicht konkreter. Spricht jemand davon, daß ihm Freiheit alles bedeute, daß nichts über die Freiheit gehe, daß er seine Freiheit wünsche, frei leben wolle oder gar die »ganz große Freiheit« suche, dann geht es ihm meist nicht um philosophische, theologische oder politische Definitionen der Freiheit, sondern ganz egoistisch um die Chance, das zu tun, was ihm in einer bestimmten Lage als das Angenehmste und Bestmögliche erscheint.

Freilich haben nicht nur in der Politik unzählige Freiheitshelden mit Kerker und Galgen für Aktivitäten gebüßt, die sie im Interesse anderer, also ziemlich unfrei, ausgeführt oder geplant haben.

Ich saß einmal in einer Bar neben einem alten Seemann, als der Pianist *»La Paloma«* spielte.

»Dieser Song müßte polizeilich verboten werden«, meinte mein Nachbar.

»Warum?«

»Sie können sich nicht vorstellen, wie viele Menschen dieses Lied unglücklich gemacht hat. Es bringt dich zum Träumen von der großen Freiheit, du wirst Matrose und stehst dann die Hälfte deines Lebens auf Wache oder sitzt auf einem Brett über dem Wasser und streichst den Schiffsrumpf an.«

Ein Motiv für den Menschen nach Freiheit ist das Streben, keine Autorität über sich zu haben, niemanden, der befiehlt, kontrolliert, kritisiert, straft. Weil dieser Wunsch sehr verbreitet ist, erfreuen sich bestimmte freie Berufe besonderer Wertschätzung, so etwa der des Schriftstellers, des Kunstmalers, des Komponisten. Sie brauchen nicht ins Büro oder in die Fabrikhalle zu gehen, sie können tagsüber oder nachts arbeiten, sie können ... und wie all diese Mutmaßungen lauten mögen.

Die Tatsache, keinen über sich zu haben, drückt größte

Machtfülle aus. Selbst der mächtigste Minister hat noch einen Premierminister vor der Nase. Es ist auch ein Unterschied, ob ein Mediziner nach der Praxis eines niedergelassenen Arztes strebt oder eine Art Beamter werden will, zum Beispiel beim Gesundheitsamt, bei der Bundeswehr oder in einem Krankenhaus. Menschen, die einen starken Zug zur Selbstverwirklichung verspüren, zum Beispiel *Kreative,* wissen es besonders zu schätzen, über sich frei verfügen zu können.

Wer in den ersten Lebensjahren unter der Fuchtel gestrenger Eltern stand, wurde entweder verunselbständigt, wurde zum »Knecht« wie GOETHE den Befehlsempfänger nennt, oder er genießt die *Befreiung von der Herrschaft* der anderen als »Herr, der selber weiß, was zu tun ist.«

Den herrenlosen Zustand bevorzugt aber auch der *Chaot,* der sich als Dauerprotestler nicht unterzuordnen versteht, oder der an Platzangst oder an Vagabondage local leidende *Clochard.* Wem in der Kindheit eingetrichtert worden ist, er werde später einmal nicht auf eigenen Beinen stehen können, will oft als Erwachsener Mut bis zur Verwegenheit beweisen. Manchmal will er es auch nicht nur den anderen zeigen, sondern er verspürt das Bedürfnis, *seine eigenen Kräfte zu messen.*

Ein nach seinem Hobby befragter Patient nannte Fallschirmspringen, woraufhin ich ihn voller Anerkennung als mutigen Mann bezeichnete.

»Ich bin ein Angsthase«, entgegnete er, »und habe vor nichts mehr Schiß als vor dem Sprung aus dem Flugzeug. Aber ich muß mir immer wieder beweisen, daß ich kein Feigling bin.«

Viele Männer kommen über die *Protestphase ihrer pubertären Jahre* nicht hinaus und bleiben bis ins höhere Alter Cowboys und Westernhelden. Wir treffen sie wieder als

Aussteiger, als *Großwildjäger* in Afrika oder auf Bärenfährte in Kanada, als *Skipper* in irgendeinem Segelhafen oder ganz einfach als einen der unstillbar leidenden *Romantiker,* die als Buchhalter oder Vertreter unzufrieden vor sich hinwursteln.

Der Wunsch nach der großen Freiheit kann aber auch Ausdruck der sogenannten *Midlife-crisis* sein, jenes Lebensabschnitts, da sich der Mensch – und insbesondere der Mann – fragt, was er von seiner beruflichen und privaten Zukunft denn noch zu erwarten habe, um dann zu dem Schluß zu kommen, das meiste und Schönste sei schon gelaufen. Und das soll schon alles gewesen sein? Mit unübersehbar depressiven Erscheinungen brechen viele dann aus, versuchen sich in einem neuen Beruf und in neuen Partnerbeziehungen. Nach dem Scheitern partnerschaftlicher Verbindungen suchen immer mehr Frauen in der *Emanzipation* ihr Heil und geraten aus der Unterdrückung durch den Mann in die Zwänge der Einsamkeit oder ideologisch motivierter Frauenfreundschaften, die hauptsächlich vom Protest gegen die Männerwelt zusammengehalten werden.

In ausgeprägteren Fällen kann der Wunsch nach Freiheit und der Befreiung von partnerschaftlicher Abhängigkeit auch zu *Masturbation, Impotenz oder Frigidität* führen, nämlich dann, wenn das Eingeständnis nach sexuellem Verlangen gleichgesetzt wird mit der Vorstellung, man würde sich dadurch in die Abhängigkeit von einem anderen begeben, sich ihm ausliefern und seiner Herrschaft unterwerfen. Lieber greifen dann Männer wie Frauen zur Selbsthilfe oder beantworten keine erotischen Anstöße des Partners mehr: »Schau her, du bedeutest mir so wenig, daß ich auf dich nicht mehr anspreche. Nun hast du endgültig die Herrschaft über mich verloren.«

Mißbehagen und Enttäuschungen mit partnerschaftlichen Beziehungen können aber auch zu *Partnertausch* oder *häufig wechselnden Sexualkontakten* führen, wofür meist nicht die Stärke des Sexualtriebes verantwortlich gemacht werden kann. Ein in dieser Hinsicht überaktiver Mensch sucht vielmehr Selbstbestätigung und will immer wieder seine Anziehungskraft auf das andere Geschlecht erproben, ist also in seinem Selbstwertgefühl verunsichert.

Das *verzogene Kind im Erwachsenen* will auch in sexueller Hinsicht auf nichts verzichten und befriedigt rasch seine Bedürfnisse in Bars, Nachtklubs und Bordellen. Ähnlich leicht verführbar ist es beim Anblick von Konsumgütern in Schaufenstern und Anzeigen und nur zu gern frönt es der *Kauflust.* In manchen Fällen kann aber das Ausleben sexueller Freiheiten auch die späte Rache für das Gefühl sein, man sei in dieser Hinsicht bisher zu kurz gekommen.

Auch *Beziehungsschwierigkeiten und Bindungsunfähigkeit* lassen manche Menschen schnell dem *Reiz des Neuen* erliegen. Der wirklich Verliebte und Liebende ist an keinem anderen Partner interessiert, während der im wahren Sinne des Wortes Ungebundene seine Promiskuität bis zur Sammelleidenschaft treiben kann. Bindungsschwäche macht wählerisch und kann die Suche nach dem rechten Partner oder der richtigen Partnerin zur Daueraufgabe machen. Der Betroffene spricht dann zwar selten von einer Kontaktblockade seinerseits, dafür um so öfter von Enttäuschungen mit dem anderen Geschlecht oder von der Unerfüllbarkeit seiner ästhetischen Vorstellungen.

So wird auch hier die Unterscheidung zwischen der Freiheit *zu* etwas oder *für* jemanden einerseits und der Freiheit *vor* menschlichen oder sachbezogenen Bindungen wesentlich. Hinter dem Durst nach Freiheit *von* allem und jedem verbirgt sich zumeist die Unfähigkeit zu sozialem Verhalten, zum Anerkennen von Verantwortung, zum Eingehen menschlicher Verpflichtungen und Bindungen. Nur Rechte beanspruchen zu wollen, ohne Pflichten zu übernehmen, ist Zeichen unreifen Verhaltens. Anders bedeutet der Wunsch nach Freiheit *für* einen Menschen, eine Aufgabe, ein Ziel: Fähigkeit zum Engagement.

Die Maskeraden der Nonkonformisten

Gehen wir von unserer im Verlauf dieses Buches bereits wiederholt herausgearbeiteten Grunderkenntnis aus: Jeder Mensch, der einem Ideal nachstrebt (zum Beispiel dem Ideal geistig-seelischer Unabhängigkeit, der Machterhöhung, einer starken sozialen Einbindung, des Liebesgewinns und so weiter, steht unter dem Druck der Angst, sein Ideal nicht nur zu verfehlen und statt dessen das genaue Gegenteil erleiden zu müssen, also: abhängig zu werden, über keine Macht zu verfügen oder seine Macht zu verlieren, ohne die Zuwendung und Zuneigung von Freunden und wichtigen Bezugspersonen existieren zu müssen – und so fort. So bilden sich bei ihm Vorlieben für Maskeraden, die sofort signalisieren sollen: Schaut her, ich bin so und so! Damit es ja kein Mißverständnis gibt!

Der Wunsch nach der Ungebundenheit des Freiheitsapostels äußert sich in *Extravaganzen,* die dessen Freiheit von allen Zwängen verraten sollen. (Ganz im Gegensatz zu dem Konformisten, dem Anpasser um jeden Preis, der – gleichfalls aufgrund von Ängsten – signalisiert: Ich bin ganz so wie ihr anderen auch, akzeptiert mich als einen von euch, ich will auch gar nicht besonders auffallen...) Ein freiheitsdurstiger Nonkonformist erkennt zum Beispiel den Bekleidungskodex nicht an. »Krawattenzwang« oder »Smokingzwang« läßt ihn entweder einer Veranstaltung fernbleiben oder aber dort provozierend gekleidet auftreten. Den Spießer, den Mittelmäßigen zu schockieren, wird ihm zum Genuß. Seit es den »Künstlertyp« gibt, und den gibt es erst seit der Romatik, also seit längstens 180 Jahren, hat der »freie Künstler« (oft ein Hungerleider) danach gestrebt, sich in seinem Aussehen vom Bürger zu unterscheiden. Er trug Bart, wenn die Offiziere und Bankiere glattrasiert waren. Er trug Hüte mit breiten Krempen, wenn die offizielle Mode schmale Hutränder bevorzugte und umgekehrt.

Aus *Protest gegen das Establishment* flüchteten sich in den späten sechziger Jahren die pubertierenden Jugendlichen in den *Gammlerlook*. Jetzt, da sich auch die Etablierten lässiger kleiden und Minister mit offenem Kragen Interviews erteilen, hat der Gammleraufzug seine Schockwirkung und damit seine Anziehungskraft verloren. Jugendliche müssen nun zu provozierenderen Mitteln greifen und haben zum Beispiel die Frisur der Punks (Irokesenbürste mit blauen, roten und grünen Haartönen) geschaffen.

Modeübertreibungen können sowohl auf ästhetische Unsicherheiten als auch auf Protestaktionen gegen die zur jeweiligen Zeit geltenden Normen zurückzuführen sein.

Um sich nicht nur äußerlich vom Establishment abzusetzen, verstößt der Revoluzzer auch gern gegen andere Formen des konventionellen Benehmens. Notfalls bemüht er sich sogar, gezielt *rüpelhaft* aufzutreten oder mit derbem Vokabular (»Scheiße«, »absoluter Quatsch«, »geil«, »auf etwas abspritzen«, »dieser Arsch« zu provozieren. Im Zweifelsfall pflegt er eher *barsch* (was er für unverstellt und ehrlich hält) als liebenswürdig zu sein.

Seine *Kritik der bestehenden Zustände* ist unüberhörbar, ohne daß sie allerdings etwas von dem Nörgeln der ewigen Besserwisser hätte.

Der Nonkonformist publiziert gerne seine provozierenden Verhältnisse, indem er sich zum Beispiel offen zu seiner *Homosexualität* bekennt, oder andere Sexpraktiken propagiert, die von der Mehrheit abgelehnt, verheimlicht oder nicht praktiziert werden. Daneben vertritt er oft auch eine bewußt *parasitäre Einstellung* zur Lebensversorgung, die allen Besitzbürgern beweisen soll, wie töricht ihr Leistungsstreben ist, wenn man auch »so« recht ordentlich leben kann.

Eine chaotische Zeitplanung mit *chronischer Unpünktlichkeit* und antizyklischem Tages- und Nachtverlauf unterstreichen die nach außen zur Schau getragene Ungebundenheit. Selbst Stoff und Stil des *Rauchens* soll auf den Ausnahmemenschen hinweisen, und unter den *Haustieren* erfreut sich der Hundebastard besonderer Vorliebe, drückt doch sein Aussehen aus, wie ungeordnet und fern aller Planung es bei seiner Zeugung zugegangen ist. Indes bekamen die Promenademischungen inzwischen Konkurrenz von weißen Mäusen und von Ratten. Der Nonkonformist umgibt sich lustvoll mit Tieren, die der Bürger als ekelige Schmarotzer mit Falle, Gift und natürlichen Feinden bekämpft.

Das Streben nach völliger Ungebundenheit läßt dem Freiheitsaspiranten auch in der Wahl seiner *Hobbys* eine schier unübersehbare Vielfalt, sofern das Steckenpferd nur genügend außergewöhnlich ist. Seine Liebhabereien können sich auf bloßes Herumsitzen und Diskutieren von Fragen der persönlichen, religiösen oder politischen Freiheit beschränken, er ist aber auch als Jäger in Alaska oder als draufgängerischer Freikletterer in irgendeiner tritt- und grifflosen Steilwand anzutreffen. Oft unterschätzt er in seinem Freiheitsdrang Gefahren und muß dann von kopfschüttelnden Fachleuten mit großem Aufwand an Material und persönlichen Opfern von Nußschalen aus Ozeanen, steckengebliebenen Autos in der Sahara oder aus Schneelawinen und Gletscherspalten geborgen werden.

Seine *Autos* können schnellste exotische Sportwagen sein, aber auch Allradgefährte mit dem Charakter von Mulis in Gebirgslandschaften oder das berühmte mit Leukoplast zusammengehaltene, bunt bemalte Autowrack, das signalisieren soll, wie wenig sich sein Eigentümer aus dem Statussymbol der Etablierten macht.

Auch im *Wohnstil* beherrscht das Unkonventionelle das Bild. Matratzen auf dem Boden oder Hängematten wird der Vorzug vor dem allseits akzeptierten Bett gegeben. Menschen, die trotz aller Freiheitsliebe den bürgerlichen Komfort nicht missen wollen, versuchen mit einem Minimum an Möbeln auszukommen, verachten Tapeten und bevorzugen gekalkte Wände. Oft streben sie nach dem Ideal, fern der Stadt auf einem Bauernhof alternativ zu leben, gekleidet in die Wolle der eigenen Schafe und *ernährt von ökologischen Gemüsen* aus eigenem Anbau.

Die *Körpersprache* des Freiheitshelden entspricht meist seinem Ideal nach Ungezwungenheit: Er gibt sich so, wie er ist. Sein Streben nach Unabhängigkeit enthebt ihn der Verpflichtung, gesellschaftlich sanktionierte Grimassen (Keep-smiling) zu ziehen. Der Freiheitsbewußte nimmt sich die Freiheit, auch mit sich unkompliziert umzugehen.

Der wahrhaft Unabhängige ist eigenständig und widersetzt sich aus persönlicher Stärke und geistiger Überlegenheit den mittelmäßigen Anpassungswünschen der konventionellen Mehrheit. Er will frei sein *für* seine individuell geprägten Wertvorstellungen. Der pubertäre (oder spätpubertäre) Revoluzzer hingegen maskiert mit seinem Gebaren lediglich inneres Unvermögen, geistig-seelischen Mangel nach dem Prinzip: Ich habe zwar keine echten Alternativen anzubieten, aber ich bin erst mal grundsätzlich gegen alles

– und mache (und fühle) mich damit wichtig! – Nonkonformistische Übertreibungen können folglich Masken für uneingestandene Minderwertigkeitsgefühle sein, wie das bei jedem großspurigen Auftreten zu vermuten ist: Angst vor der eigenen Geringwertigkeit.

Die Sucht nach Dominanz durch Leistung

Das Gefühl des Genügens und der berechtigten (nicht eitlen!) Selbstzufriedenheit kommt ohne Masken aus. Stellen Sie sich einen Verliebten vor, der sich wiedergeliebt weiß und sein Gefühl nicht zu verbergen braucht. Was sollte er verstecken? Außerdem weiß er, wie gut ihm die Natürlichkeit seines inneren Feuers zu Gesicht steht. Masken setzt sich der Mensch erst auf, wenn er anders erscheinen möchte, als er sich fühlt, wobei es keine Rolle spielt, ob er bewußt oder unbewußt zu Maske und anderer Verstellung, der Maskerade, greift.

Fortschritt ist die Folge des Unbehagens am Bestehenden. Genauso kann aber die Unzufriedenheit mit sich selbst den Menschen zum persönlichen Fortschritt, zur Leistungssteigerung in ihren verschiedenen Formen führen.

Das pure Dasein als solches scheint wertlos zu sein. Ein unerfülltes, ein nicht ausgefülltes Dasein wird sogar zur Qual, wie jeder Häftling, auch wenn seine leiblichen Bedürfnisse befriedigt zu sein scheinen, bestätigen kann. Am dramatischsten erlebt der Depressive die Sinnlosigkeit seiner Existenz und verbringt einen großen Teil des Tages und seiner meist schlaflosen Nächte damit, sich zu überlegen, wie er sich von der Last dieses Daseins befreien könnte. Doch schon der ganz banal Gelangweilte leidet zeitweilig an seinem Leben.

Der Mensch begreift sein Sein durch sein Bewußtsein – auch wenn sein Unterbewußtsein an seinem Erleben wesentlichen Anteil hat –, und dieses Bewußtsein verlangt und entwickelt Perspektiven – Seinsdimensionen werden erkannt oder geschaffen.

Religionsstifter gaben dem Dasein einen Sinn, indem sie den Menschen Aufgaben stellten. Im katholischen Katechismus steht es stellvertretend für viele andere Religionen: Wir sind dazu auf Erden, daß wir den Willen Gottes tun und so der Erlösung durch Christus würdig werden. Obwohl ein Buddhist den Sinn seiner irdischen Existenz ganz anders formulieren würde, gilt auch für ihn die Fomrmel: Wir sind da, damit wir etwas tun oder nicht tun, um ein bestimmtes Ziel anzustreben, zum Beispiel ein gutes Karma.

Um sich selbst ertragen zu können, strebt der Mensch nach etwas, will er etwas erreichen. Es würde zuweit führen, den Weg von der biblischen Verfluchung der *Arbeit* bis zu ihrer Glorifizierung im Kalvinismus und in der Leistungsgesellschaft nachzuzeichnen. Doch für Millionen Menschen unseres Kulturkreises ist es vor allem die Arbeit, die ihrem Dasein einen Sinn gibt. Arbeit stellt für viele das zuverlässigste Glück und das dauerhafteste Vergnügen dar. Dabei kommt es auf das Sinnverständnis des Tätigseins an. Auch in der heutigen »Freizeitgesellschaft«, in der nur noch wenige Engagierte wirklich intensiv arbeiten, während die Gewerkschaften mit künstlicher Aufgeregtheit immer kürzere Arbeitszeiten propagieren, fühlt sich der Arbeitslose jäh in ein Vakuum totaler Sinn- und Wertlosigkeit verstoßen. Allein das Gefühl, etwas zu leisten, schenkt das lebenswichtige Selbstwertgefühl.

Ein Kind, dem eingetrichtert wird, es tauge nichts und werde es einmal nicht weit bringen, wenn es nicht fleißig seine Schulaufgaben mache oder im Hause da und dort helfe, kann als Erwachsener ein lebenslanges *Leistungsstreben* entwickeln, das jede Minute der wachen Existenz in Arbeit zu investieren sucht. Geistige Fortbildung und körperliches Training (um stets »fit« zu sein – fit für weitere Leistung) übernehmen dann auch in der Freizeit die Funktion der Arbeit.

In bestimmten Fällen will selbst noch der Erwachsene seinen Eltern, die einst an ihm gezweifelt hatten, beweisen, daß doch mehr in ihm steckt, als sie einst annahmen oder aus erzieherischen Gründen zugeben wollten. Dieses zwanghafte Verhalten überdauert noch den Tod der Eltern und wird auch dann nicht abgelegt, wenn der Betreffende vielfach den Beweis ungewöhnlicher Leistungsfähigkeit erbracht hat.

Das Leistungsstreben zählt zu jenen menschlichen Verhaltensweisen, die sich – ähnlich dem Geldverdienen – verselbständigen: Es ändert zwar an den Lebensbedingungen des Reichen überhaupt nichts, ob er nun im letzten Geschäftsjahr um eine oder fünf Millionen reicher geworden ist, aber er sieht in der Höhe des finanziellen Erfolges den Maßstab für seine persönliche Bestätigung und Existenzberechtigung. Und darum kämpft er verbissen bis zur Erschöpfung und bis zum Herzinfarkt.

Die Befriedigung des »Ich bin besser als du« empfindet jener Geschäftsmann, der eine Rendite von zehn Prozent erzielt hat, gegenüber dem Konkurrenten, der es nur auf drei Prozent gebracht hat.

Die *sportliche Rekordsucht* liefert dem Leistungsstreben ein unerschöpfliches Terrain. Eine hundertstel Sekunde entscheidet darüber, ob einer besser ist als der andere.

Eine Felswand schneller zu durchklettern, länger auf einem Bein zu stehen, mehr von einem Fliegenfänger zu verspeisen, oder was sich die menschliche Phantasie auch immer an rekordwürdigen Leistungen einfallen lassen mag – all dies steht für den unersättlichen Hunger nach Selbsterhöhung.

Unterdessen steht der Selbstsichere verständnislos vor dem *Guinness Buch der Rekorde* und kann nicht begreifen, warum einige Menschen ihre Bedeutung damit beweisen müssen, daß sie unter Gefahren für sich und andere ein Auto schneller von A nach B jagen, ihre Liebste durch Tanz- oder Kußrekorde quälen oder sonstige unsinnige Strapazen auf sich nehmen. All diese Leistungswüteriche sind – psychologisch gesehen – Verwandte des vor Strebsamkeit geifernden *Klassenprimus,* von dem sich viele unserer Leistungshelden freilich entsetzt distanzieren würden.

Überragende Leistungen machen einen Menschen zum Überlegenen und verhelfen ihm zu Ansehen, Wert- und Selbsterhöhung und Herrschaft über Untergebene. Wer es durch sein Streben bis zur Spitze gebracht hat, bestimmt am Ende vielleicht über das Leben von Millionen von Soldaten und Zivilisten oder verfügt über die wirtschaftliche Existenz von nicht weniger Arbeitern und Angestellten.

Das Streben nach Dominanz durch Leistung scheint in Widerspruch zu stehen mit der *Herr-im-Haus-Maske* des Leistungsschwachen. Wer jedoch nicht durch Leistung siegen kann, sucht eine andere Chance, Überlegenheit zu demonstrieren. Der Erbe eines großen Vermögens oder eines anderen Privilegs leidet selten unter der Tatsache, daß seine Mitarbeiter fähiger und leistungsstärker sind als er selbst. Im Gegenteil, er sieht in seiner Macht die Möglichkeit, brillantere Mitarbeiter mit größeren Fähigkeiten als er selbst sie hat, zu engagieren, und das ist seine eigentliche Überlegenheit. Er versteckt seinen Willen zum Herrschen hinter dem kapitalistischen Prinzip des »Wer zahlt, schafft an«. Umgekehrt sucht der Sozialismus die Rechtfertigungen für seinen Drang zur Macht in selbstgeschaffenen Ideologien oder philosophisch begründeten Menschenrechten, die es auch für die Unterprivilegierten durchzusetzen gelte.

Der Wunsch nach *Perfektion* entspricht mehreren Strebungen zugleich. So kann der Perfektionist sagen:

- So perfekt vermag nur ich eine Aufgabe zu lösen. Also ziehe respektvoll deinen Hut vor mir! Gestehe, daß ich der Bessere bin, und wenn ich schon der Bessere bin, wirst du dich mir wohl unterordnen! (Selbstbestätigung, Anerkennung, Machtgewinn.)
- Ich habe die Aufgabe perfekt gelöst, so perfekt, daß niemand, auch nicht ein mir übelwollendes Individuum, mich angreifen, herabsetzen oder gar in Zweifel ziehen kann. Ich kann mich also in Sicherheit wiegen (Angst, Minderwertigkeitsgefühle, Unsicherheit).
- Die von mir gebotene Stoffülle oder Systematik ist unerschütterlich, so daß es gar nichts mehr hinzuzufügen oder gar in Frage zu stellen gibt! (Angst vor Kritik, Tadel, Strafe, Mißachtung.)

Gilt es also, hinter die Masken der Leistungsbesessenen zu schauen, werden Sie sich als erstes immer fragen müssen: Welchen Mangel versucht dieser Mensch zu kompensieren? Der autonome, von echtem Selbstwertgefühl getragene Mensch, wird optimal arbeiten und eine an den Erfordernissen der jeweiligen Sache (und nicht an einem instabilen Selbstbild) orientierte Leistung erbringen. Ebenso natürlich und selbstbewußt wird er die schöpferischen Pausen des Nichtstuns genießen.

Leistungssüchtiger blinder Aktionismus hingegen verbirgt stets einen Mangel, den es zu erkennen gilt. Der bis zum Zusammenbruch schuftende *Workaholic,* den die Unrast selbst dann nicht ruhen läßt, wenn es nichts mehr zu tun gibt, versucht zweifellos – bewußt oder unbewußt –, sein Unvermögen zu kaschieren.

Und eine »Leistungsgesellschaft« trägt diese Bezeichnung wohl eher nur noch als Maske, um die Selbsterkenntnis zu verdecken, daß sie eine »Freizeitgesellschaft« ist. Oder wie ist es zu erklären, daß alle über »Streß« stöhnen – während sie nur noch 35 statt 38 Stunden in der Woche arbeiten wollen ...?

Die Maskeraden des »lieben« und »netten« Menschen

In unserem Kulturkreis schmerzt bei Liebeskummer das Herz, und auf Stickern und Reklameschildern sehen wir immer häufiger das Verbum »lieben« durch ein *Herzchen* ersetzt.

Wem es um Zuwendung geht, der betont sein Herz, seine Herzlichkeit, sein Herz am rechten Fleck. Und gerne teilt er dies durch optische Signale mit. Es gibt viele (meist handgestrickte, mit viel Herz und Liebe erstellte) Pullover, auf denen eine Vielzahl von Herzchen prangt. Wer gerne so etwas trägt, will ein gutes Herz sein und haben, ein Herz voller Treue und Liebe, zumindest zur Natur, zur Heimat. Herzchen als Einfassung von Vorhängen oder auf Sofakissen verraten unabhängig von der jeweiligen Tageskleidung die Gesinnung der Hausbewohner. Manchmal laufen auch die herzigen Kinder noch mit herzdurchwirkter Montur herum, wie überhaupt der liebe Mensch die *Familie* besonders intensiv schätzt als Dauerempfänger herzlichster Gefühle.

Es muß aber nicht immer das Herz sein, das den »lieben« Menschen ausweist. Ein beliebtes Symbol hierfür ist auch das *Kreuz*. Ein Silberkreuz am Hals läßt nicht immer auf die Christgläubigkeit der Trägerin schließen, und auch in einem religiös indifferenten Haushalt liebt man die Behaglichkeit, die ein wohlgeschmückter Herrgottswinkel ausstrahlt. Geht der Hausherr auf die Jagd, versteht er es oft auch noch, mit zwei flankierenden Rehgeweihen für die nötige »Urigkeit« in der frommen Ecke über seinem Sitzplatz zu sorgen, und die herzige Frau trägt gerne *alten Schmuck*, irgend etwas von den Vorfahren Geerbtes oder zumindest Bodenständiges.

Menschen mit einem starken Bedürfnis nach Zuwendung haben viele Bekannte und Freunde. Die größte Portion Gleichgesinnter stellt ein *Verein* zur Verfügung. Wimpel, die von Vereinsaktivitäten künden, und Pokale zur Erinnerung an gemeinsam errungene Siege füllen manchmal ganze Schränke und Vitrinen.

Bei zuwendungsorientierten Menschen stehen *Gruppenhobbys* hoch im Kurs: wie etwa Wandern, Bergsteigen, eine gemeinsam gepachtete Berghütte, Musizieren und Teilnahme an Gesangsaktivitäten. Auch bei sehr vielen *Spielen* hockt man dicht beieinander und kommt mit den Partnern in engen Kontakt. Spiele geben obendrein Gelegenheit, sein Temperament zu zeigen und »aus sich herauszugehen«, wie es der auftrumpfende Kartenspieler so unüberhörbar vorführt. Als Besucher erhalten Sie in solchen Heimen sehr bald Ihr »Gläschen«, eine Flasche Bier oder Kaffee mit hausgemachtem Kuchen. *Gemütlichkeit* und Harmonie in allen Lebenslagen, besonders aber daheim, sind die Ideale des Zuwendungsorientierten. Dazu gehören je nach Geschmack und Begabung Musik (Klassik, romantische Unterhaltungsmusik, Volksmusik), ein »liebes Hunderl« oder eine anschmiegsame Katze.

Die Wohnräume sollen nicht repräsentativ sein, sondern

Wärme ausstrahlen. Wo es nicht zu einer Bauernstube mit Kachelofen reicht, genügt eine holzverkleidete Sitzecke, ein Erker, eine Sitznische, in der man sich »vor der Welt verschließt und den Freund am Busen hält«.

Nach kuscheligen Sitzgelegenheiten mit weichen Kissen werden Sie nicht vergebens suchen. Kerzenlicht und Feuer im offenen Kamin erhöhen das traute Zusammengehörigkeitsgefühl.

Auch der *Garten* wird eher als beim Machtorientierten den Wünschen der einzelnen Familienmitglieder, so zum Beispiel denen der Kinder überlassen. Da können dann schon einmal Fahrräder neben der Eingangstür lehnen oder liegen, ein Sandkasten dürfte ohne innenarchitektonische Begutachtung angelegt worden sein, und Bambis oder Gartenzwerge grüßen über den Zaun.

In der *Sprache des Zugewandten* ist häufig das Echo der Sprache seines jeweiligen Partners zu hören. Im Extremfall versteht der stark Zugewandte, etwa der erfolgreiche Verkäufer, die Sprache seines Partners anzunehmen und zu imitieren. Da spricht dann ein Intellektueller wie ein Bauer oder ein Arbeiter.

Beliebt sind auch *Verniedlichungen:* Man sitzt im Gärtchen bei einem Täßchen, wirft ein Auge auf die lieben Kleinen und ist überzeugt, daß das Leben eine herrliche Angelegenheit sein könnte, wenn nur die Menschen so *nett* zueinander wären, wie man selbst zu ihnen ist.

Fragen Sie sich: Welche uneingestandenen menschlichen »Abgründe« können sich möglicherweise hinter dem Dekor eines solchen Puppenheims, hinter all den Niedlichkeiten und Nettigkeiten der »lieben Leute« verbergen?

Die Maskeraden des »guten« Menschen

Vereinfachend lassen sich die Strebungen des guten Menschen in die Worte kleiden: »Herr, ich danke dir, daß ich nicht bin wie jene dort.«

In seinen Augen sind »jene dort« Menschen ohne Drang zur Sublimierung, ohne Streben nach der »Arbeit am Ich«, mit einem Wort Individuen, die unreif sind für die Werte eines höheren Menschentums. Der gute Mensch schiebt sein Gewissen als Regulativ zwischen Absicht und Ausführung. Gewissen ist für ihn nicht die geistige Reaktion auf die andressierten moralischen Prinzipien und Verhaltensnormen der Gruppe, der er angehört: Er *will* moralisch handeln, ohne daß dies durch Druck oder durch Angst vor Bestrafung bedingt würde.

Der Kompaß des guten Menschen ist sein Gewissen, gleichgültig ob dieses Gewissen das Produkt seiner *Philosophie* oder seiner *Religiosität* ist. Der gute Mensch entspricht dem *Homo religiosus,* der Typologie von KARL BÜHLER, also einem Menschen, der die Erscheinungen dieser Welt gern unter dem Gesichtspunkt einer besseren Welt, einer anderen Welt, wenn nicht gleich des Jenseits erblickt. Der gute Mensch repräsentiert den dauernden Vorwurf, daß unsere Erde nicht so ist, wie sie sein sollte.

Wir können den guten Menschen als *Kirchenpfeiler* finden, der, oft auch selbst, ohne besonders gläubig zu sein, die Kirchen aufrecht erhält, »weil man ja schließlich an etwas glauben muß«. Der Philantrop VOLTAIRE, ein kämpferischer Weltverbesserer wie MARX, ENGELS oder LENIN, meinte gar, man müßte Gott erfinden, wenn es ihn nicht gäbe.

Wir erkennen den guten Menschen aber auch an den Büchern seiner Bibliothek: Werke über Philosophie, Soziologie und Geschichte werden nicht zu übersehen sein.

Dem guten Menschen geht es als einem Wahrheitssucher vor allem um *Ehrlichkeit.* Dieses Streben kann ihn manchmal unangenehm machen, wenn er nämlich glaubt, seinen Mitmenschen »bittere Wahrheiten« nicht ersparen zu können. Wer solche verbreitet, muß sich die Frage gefallen lassen, ob er hier nicht durch Abwertung der anderen nach Selbsterhöhung trachtet. Der »Mut«, in jeder Situation das zu sagen, was zwar alle empfinden, aber niemand zu sagen wagt, stellt eine besonders raffinierte Technik der Selbsterhöhung dar.

Der gute Mensch in seiner ausgeprägtesten Form hat um der Sache willen das Zeug zum *Helden* oder gar zum *Märtyrer.*

Aber natürlich reicht es nicht bei jedem zum Märtyrer. Die meisten geben sich mit ausgeprägter *Opferbereitschaft* zufrieden. Ob sie nun für eine gute Sache die Sammelbüchse schütteln oder Unterschriften sammelnd von Tür zu Tür ziehen, ob sie Pöstchen im Elternbeirat oder im Kirchenrat annehmen: Es geht ihnen um das, was sie ziemlich vage *»die Sache«* nennen. Einem Machtorientierten dagegen, der sich auf ähnliche Aktivitäten einläßt, beschäftigt nur sein eigener Vorteil. Als frisch niedergelassener Rechtsanwalt oder Architekt übernimmt er Pöstchen in der Gemeinde, damit sein Name bekannt wird. So quälen sich auch viele Möchtegernstaatsmänner durch die Wirtshauspolitik ihrer Gemeinden und Kreise, um sich für die nächste Land- oder Bundestagswahl gut zu plazieren.

Dem guten Menschen ist es ernst mit seiner Opferbereitschaft. Er besitzt eine ausgeprägte *soziale Einstellung,* wobei wir diese nicht mit sozialistischer Ideologie verwechseln dürfen. Soziale Einstellung bedeutet innere Hinwendung zum Sozius, zum Mitmenschen. Deswegen kann ein guter Mensch genauso überzeugt als Linker für soziale Gerechtigkeit, Sozialismus oder gar Kommunismus kämpfen wie als Rechter für *Law and Order.*

Gute Menschen mit scharfem Verstand laufen Gefahr, die Undurchführbarkeit ihrer Bemühungen zu erkennen und sich dann hinter die Maske des *Zynismus* zurückzuziehen. Der Zyniker versucht sein Herz, ein gefährlich empfindsames Herz, mit einer Hornhaut zu überziehen. Zyniker streifen dann plötzlich alle Hemmungen ab und sagen knallhart, was sie denken. Durch Enttäuschungen wird mancher gute Mensch zum Zyniker und sieht dann die Welt nicht mehr so, wie er sie sich bisher erträumte, sondern wie sie wirklich ist, ja vielleicht in noch düstereren Tönen.

Der »gute« Mensch befindet sich also stets in einem gefährlichen Spannungsfeld zwischen selbstgerechtem Pharisäertum und enttäuschtem Zynismus. Hinter diesen Masken werden Sie ihn oft erkennen können. Seine Chance liegt dort, wo er nicht nur »gut« ist oder sein will, sondern auch dies: ganz einfach ein Mensch.

6
Sprich, damit ich dich sehe!

Was Sprache und Wortwahl verraten

Das Wort eines griechischen Weisen: »Ich habe nicht eine Sprache, ich *bin* diese Sprache« gilt für alle Menschen. Wer eine Fremdsprache beherrscht, drückt sich auch in ihr ähnlich aus wie in seiner eigenen. Ein berühmter Franzose brachte diese Tatsache auf die Kurzformel: »Der Stil, das ist der Mensch.« Präziser müßte dieser Ausspruch lauten: So wie der Mensch ist, ist auch sein Stil.

Wir können erfolgreich lügen, Halbwahrheiten produzieren und der Wahrheit die für uns günstigste Form geben. Aber auf die Dauer kann niemand mit Verdrehungen seine wahre Gesinnung und die Substanz seines Charakters maskieren. Nur zu bald *verspricht* er sich.

Schauen Sie sich das einmal an einigen Beispielen an. Ein Mann berichtet von seinem Urlaub:

»Wir fuhren am ersten Tag bis Siena, fanden einen schönen Campingplatz, aber nur noch eine winzige Ecke. Wir waren sehr müde. Also war's gleichgültig.
Am nächsten Morgen zeitig auf der Achse mit einer Unterbre-

Fakten, Sprachökonomie, keine Übertreibungen, kein Versuch, etwas auf- oder abzuwerten, selbstsicher in der Wortwahl.

chung in Orvieto, wo ich schon einmal war. Ich wollte die Stadt meiner Frau zeigen. Auch sie war beeindruckt ...«

»Ich fahr am ersten Tag bis Siena, finde einen schönen Campingplatz – Glück muß der Mensch haben. Nächstes Ziel: Orvieto. Ich war schon dort gewesen. Eine für mich unvergeßlich schöne Stadt. Also wollte ich meiner Frau diese Stadt zeigen. Sie war nicht weniger beeindruckt als ich.«

»Ich«, »ich«, »ich« – die Wortwahl des Egozentrikers.

»Am ersten Tag also mit unserem alten, aber immer noch bewährten Karren bei leuchtend-strahlendem Himmel ohne jegliches Wölkchen bis Siena. Süßer Campingplatz, leider ein bißchen eng. Aber was soll's? Am nächsten Tag durch die traumhafte Toscana bis nach Orvieto – eine Augenweide.«

Ein Mensch mit »Herz«, mit sehr viel »Herz«; er liebt Doppelungen wie »leuchtend-strahlend«, »ohne jegliches Wölkchen«: Ein einziges Wort reicht nicht aus, um zu schildern, was sein übervolles Herz empfindet. Der Campingplatz ist »süß«, die Toscana »traumhaft«. Wahrscheinlich hat er von Rom seinem »Mütterlein« und »Tantchen«

ein Ansichtskärtchen zukommen lassen.

»Wir fahren am ersten Tag an einem Montag, ich glaub' es war der sechste Mai, so gegen neun Uhr ab. Vielleicht war's auch schon zehn. Ja, es war schon nach zehn, weil ich auf die Uhr geschaut habe, als wir am Hauptbahnhof vorbeifuhren. Unterwegs, so zwischen München und Kufstein, näher Kufstein als München, Wolfratshofen oder so heißt der Ort, nein Wolfratshausen, da sag ich zu meiner Frau: ›Weißt was? Wir fahren jetzt noch bis Siena, ganze achthundertundzwölf Kilometer . . .‹«

Ein sehr weitschweifiger Bericht: Der Erzähler leidet entweder an einer krankhaften Geschwätzigkeit oder an großer Unsicherheit. Er fürchtet, man glaube ihm nicht, wenn er nicht alles genau belegt. Er sagt nicht: »Es war heiß«, er sagt: »Es war so heiß, daß ich mich dreimal mit Eau de Cologne frischgemacht habe.«

»Nun, nach einer reichlich unangenehmen Zeit der Vorbereitung machten wir uns auf den Weg. Der erste Teil der Strecke fiel passabel aus, aber dann gerieten wir in zähflüssigen Verkehr. Der Campingplatz in Siena lag schön, war aber reichlich eng. Und dazu die lauten Italiener.«

Eine »geschmäcklerische« Darstellung voll negativer Kritik – wahrscheinlich ein Mensch, der es sich gern schwermacht und der eher nach dem Haar in der Suppe sucht, als sich an der Speise zu freuen.

»Urlaub muß sein, man braucht ja schließlich Erholung. Ob da natürlich Italien die richtige Wahl ist, bleibe dahingestellt. So verbrachten wir die erste Nacht auf einem Campingplatz, der zwar sehr schön lag, aber nicht gerade Erholungsstimmung aufkommen ließ. Diese Orte werden immer lauter, weil immer mehr Jugendliche es sich schon leisten können, ins teure Ausland zu reisen, ohne in jedem Fall die dafür erforderliche geistige Reife zu besitzen.«

Hier spricht ein »Philosoph«, für den auch eine Urlaubsreise in erster Linie Anlaß zu Reflexionen ist. Dieser Mensch hätte auch nach Timbuktu reisen können, sein Bericht wäre kaum anders ausgefallen.

Der *Selbstsichere* bevorzugt Tatsachen, die er in unaufdringlichem Stil schildert: So wie ich es sage, so war es.

Der *Verunsicherte* hält sich gerne Schlupflöcher offen und bevorzugt Ausdrücke wie »unter Umständen«, »ich bin mir aber nicht ganz sicher«, »einiges spricht dafür, daß« und so weiter. Zu den Verunsicherten zählt aber auch der gebildete Grübler, der sofort an Argumente denkt, die seiner Ansicht entgegenstehen könnten.

Wer sich zu den »patenten« *Menschen* zählt, mit denen man Pferde stehlen kann, findet gern alles entweder »irrsinnig schön«, »schrecklich interessant«, »ganz einfach einmalig«, oder aber »indiskutabel«, »das Allerletzte«. Und es ist klar, daß er sich für soviel schnellen Scharfblick gehörig selbst bewundert.

»Süß«, »putzig«, »so richtig schnuckelig« und »herzig« findet der *Mensch mit Herz* die ihm genehmen Erscheinungen dieser Welt, vor allem aber sich selber. In seiner ausgeprägtesten Erscheinungsform spricht er zu Erwachsenen wie zu Kindern.

Ein scharfer und differenzierender Verstand verfügt auch über sprachliche Differenzierungen. Er kann sich präzise ausdrücken. Ein »großer« Baum ist entweder hochgewachsen oder breit und ausladend. Er hat einen dicken Stamm oder ist schlank wie zum Beispiel eine Birke. Ein »guter« Chef ist vielleicht nur gutmütig, vielleicht aber auch tüchtig, großzügig und gerecht.

Menschen, die beim Sprechen *wenig* oder gar nicht *denken,* greifen gern zu *Gemeinplätzen* und *Modewörtern,* die eine möglichst breite Palette von Begriffen abdecken, ohne mehr als vage Pauschalurteile zu liefern: Bericht von einem Besuch bei Meiers: »ganz große Klasse«; ihr Haus ist »Spitze« und Frau Meiers Stickerei »phänomenal«. Gemeinplätze und Modewörter demaskieren den oberflächlichen Schwätzer, der zwar glaubt, zu allem seine Meinung kundtun zu müssen, dessen geistige Fähigkeiten aber zu beschränkt sind, als daß sie fundierte und differenzierte Urteile zuließen.

Auch *Vorlieben für bestimmte Wörter* demaskieren. Menschen, die Angst haben, sich nicht so darstellen zu können, wie sie dies wünschen, oder die sich angezweifelt fühlen, hungern nach Bestätigung ihrer Äußerungen und fordern den Zuhörer immer wieder auf, ihnen zuzustimmen. »Gell?« Übrigens kommt das »Gell« von »gilt's«. Gilt es, was ich sage? »Nicht wahr?« und »Verstehen Sie?« haben die gleiche Bedeutung.

Die häufige Verwendung von Wörtern wie »selbstverständlich« oder »natürlich« soll dagegen *dem Sprecher Mut machen.* Bewußt oder unbewußt empfindet er: Die Angelegenheit ist bei weitem nicht so klar und einwandfrei, wie ich dies darstelle. Deswegen kann ein kleiner Nachdruck gar nicht schaden. Manchmal werden solche Wörtchen aber auch in einem anderen Sinn verwandt: Was ich bisher gesagt habe, war mehr oder weniger geflunkert. Was ich jedoch soeben geäußert habe, ist »selbstverständlich« wahr.

Niemand käme auf die Idee, einen allgemein bekannten und von niemandem bestrittenen Sachverhalt dergestalt zu unterstreichen: »Zweimal zwei ist vier. Das ist ganz bestimmt wahr. Darauf gebe ich Ihnen mein Wort.« Nein – wer gern sein Ehrenwort gibt oder behauptet, etwas sei so sicher, daß man Gift darauf nehmen könne, verrät Unsicherheit. Entweder sagt er vorsätzlich die Unwahrheit, oder aber er sagt die Wahrheit, zweifelt aber daran, daß der Zuhörer ihm auch glaubt. Mitarbeiter, Freunde und Bekannte KONRAD ADENAUERS wußten, daß der »Alte« wieder einmal mit der Wahrheit großzügig umgegangen war, wenn er gesagt hatte: »Dat dürfen Sie mir janz bestimmt glauben« oder »Dat ist die reine Wahrheit«.

Vorsicht ist auch geboten, wenn jemand *bestimmte Eigenschaften* immer wieder betont, etwa nach dem Muster: »Das Wichtigste an einem Charakter ist die Treue.« Mit dieser Ansicht kann es dem Betreffenden durchaus ernst sein. Aber warum? Vielleicht, weil er weiß, wenn die anderen auch so untreu wären wie er, dann gute Nacht, schöne Welt! Wörtchen wie »sicher«, »todsicher«, »bestimmt«, »ganz bestimmt«, »hundertprozentig« bevorzugt, wer sich seiner Sache nicht so sicher ist.

Wir tun aber gut daran, nicht nur den sprachlichen Stil und bestimmte Vorlieben in der Wortwahl zu berücksichtigen, sondern auch die Körpersprache zu analysieren, vor allem unter dem Gesichtspunkt, ob *Worte, Sprachstil, Gesichtsausdruck und Körperhaltung übereinstimmen.* Ein krasses Beispiel für einen Widerspruch: Ein Psychologe fragt eine Frau, wie sie ihre Ehe einschätze. Antwort: »Ich bin sehr glücklich verheiratet.« Dabei bewegt sie ihren Kopf von links nach rechts und zurück. Ihr Körper verneint also. Glauben Sie im Zweifelsfall der Mimik und der Körperhaltung mehr als den Worten!

Eine Frau empfängt einen Gast in ihrer Wohnung, einer enttäuschend mittelmäßigen Wohnung. Das Haus liegt so abseits, daß der Besucher die Wahrheit sagt, wenn er feststellt: »Hier wohnen Sie angenehm ruhig.« Darauf entgegnet die Frau: »Ja, wir fühlen uns hier sehr wohl.« Das sie das in Wirklichkeit nicht tut, verrät ihre Mundstellung: Bei ihren Worten machte sie so spitze Lippen, wie man spitze Finger macht, wenn man etwas aufhebt, das einen beschmutzt.

Viele Menschen verändern bei bestimmten Worten ihre *Mundstellung* und verraten so die Gefühle, die sie bei diesen Worten haben. Es spricht jemand von seinem Sohn und zieht dabei die Oberlippe steif. Die Briten sprechen sehr bildhaft von *»stiff upper lip«*, wenn sie gefaßte Haltung, Selbstkontrolle trotz unangenehmer Gefühle, ja Kampfbereitschaft signalisieren wollen.

Bei anderen Worten werden die Lippen nach innen gestülpt, wie dies jemand tut, der gegen die Tränen ankämpft. Es können sich aber auch die Mundwinkel nach unten verziehen, kommt das Gespräch auf deprimierende Themen.

Trumpft jemand auf, wird er im allgemeinen lauter. Auch Menschen, die gerne Publikum zur Selbsterhöhung haben, sprechen laut, theatralisch, genußvoll ausladend. Bescheidene oder verunsicherte Menschen ziehen dagegen leises Sprechen vor, wenn sie sich nicht gar *kleinlaut* verhalten. Wollen sie in einer solchen Verfassung lauter sprechen, um ihre Unsicherheit zu maskieren, dann klingt die Stimme forciert oder gar gequetscht.

Auch *Schnellsprechen* kann ein Ausdruck von Unsicherheit sein. Da hat jemand das Gefühl, was er zu sagen hat, sei unwichtig oder nicht sehr bedeutend. Er entschuldigt sich fast dafür, daß er es überhaupt vorbringt. Um nun seine Rede so schnell wie möglich hinter sich zu bringen, spricht er mit erhöhtem Tempo. Diese Vermutung bestätigt sich, wenn weitere Signale von Unsicherheit erkennbar sind. Aber auch viele intelligente Menschen sprechen schnell, weil sie oft Mühe haben, mit den Worten dem Tempo ihrer Gedanken zu folgen. Solche Schnelldenker und Schnellredner wie zum Beispiel JOHN F. KENNEDY unterscheiden sich vom Schnellsprecher aus Unsicherheit dadurch, daß sie an entscheidenden Stellen ihr Sprachtempo bremsen und silbenstechend langsam artikulieren, um Bedeutungsakzente zu setzen.

Wenngleich wir nicht bei jedem Menschen annehmen wollen, daß wir es mit einem TALLEYRAND zu tun haben, der gelegentlich die Sprache benützte, um seine Gedanken zu verbergen, so sollten wir nie vergessen, daß Worte die Kleider unserer Gedanken sind.

7
Wenn sich Masken und Maskeraden widersprechen

Von der Schwierigkeit, mit dem Körper zu lügen

Es gibt viele Meister der gesprochenen und der geschriebenen Lüge. Es ist aber schwer, einen Menschen zu finden, der es versteht, auch in der Körpersprache zu lügen.

Lange bevor das Kind die Koordination aller seiner Muskeln beherrscht, kann es bereits die Unwahrheit sagen. Niemand vermag einem Menschen in den Kopf zu schauen, der Körper muß sich aber der Beobachtung aussetzen. Das verunsichert. Ferner *beherrschen* wir das feine Muskelspiel, das entscheidend Mimik, Gestik, Körpersprache bestimmt, nicht so perfekt wie den Gebrauch der Sprechmuskulatur. Und schließlich kennen nur die wenigsten Menschen die Grundregeln der *Ausdruckspyschologie:*

- Jede seelische Regung will sich in einer körperlichen Bewegung (wozu auch die Handschrift gehört) ausdrükken;
- vorherrschende seelische Regungen prägen Gesichtsmuskulatur, auch die Muskulatur der Schultern und des Rückens, insgesamt die Körperhaltung;
- will man aus Gründen der Irreführung den Körper eine andere Sprache sprechen lassen, als die seelische Regung sie ihm kommandieren will, dann entstehen Spannungen, die ein scharfer Beobachter bemerken kann;

- auf gleiche seelische Regungen reagiert der Körper auch mehr oder weniger gleich, zum Beispiel auf Schmerz oder Ärger mit Muskelanspannung, auf komische Überraschungen mit Lachen, das heißt mit Bewegungen des Zwerchfells;
- bei der Sprache des Körpers sind meist viele Muskelgruppen in Bewegung, so daß es eines intensiven Trainings oder einer erheblichen Begabung bedarf, um diese Muskelgruppen zielgerichtet und kontrolliert zu koordinieren.
  Dieses Training ist ein wesentliches der Ausbildung eines Schauspielers oder eines Pantomimen.

Aufgabe dieses Buches ist es aber nicht, das Wesen unserer Körpersprache darzustellen (diese können Sie detaillierter und mit vielen erläuternden Illustrationen beschrieben finden in »Die Körpersprache verrät mehr als tausend Worte« von ERHARD THIEL, Ariston Verlag, Genf 1986), sondern aus meiner eigenen therapeutischen Praxis und Erfahrung Hinweise darauf zu geben, wie die Körpersprache bei der menschlichen Maskerade mitwirken kann. Zum Beispiel:

Ein Mann, sehr seriös gekleidet, betont, vielleicht einmal zuviel, seine Zuverlässigkeit als Geschäftspartner. Beim Gehen aber bewegt er die Schultern vor und zurück.	*Er könnte sich leicht durchs Leben »schlängeln«. Zweifel an seiner Seriosität sind angebracht.*

Ein Sitzriese mit dem Benehmen eines Grandseigneurs, formbedacht, würdevoll, Selfmademan, hat es zum vielfachen Millionär gebracht. Aber beim Gehen trippelt er, als habe er es schrecklich eilig.

Ist seine Würde nur Maskerade zur Verschleierung seiner inneren Unruhe?

Es spricht jemand mit Ihnen, horcht Ihnen sehr interessiert und freundlich zu. Sie sitzen beide nebeneinander. Aber er wendet seine Beine oder seinen Oberkörper von Ihnen ab; verschränkt vielleicht auch die Arme vor der Brust.

Ist wirkliche Sympathie vorhanden?

Eine Frau sitzt einem Mann gegenüber, der sich für sie zu interessieren scheint. Sie jedoch betont unmißverständlich, daß sie gut verheiratet ist und ihren Mann nie betrügen könnte. Gleichzeitig aber schlägt sie wiederholt die Beine hoch übereinander, zupft an ihrem Rock herum, bewegt ihn, als wollte sie ihren Beinen Luft zufächeln.

Ist sie nicht doch an ihrem Gesprächspartner interessiert?

Eine Frau himmelt einen Mann an, streicht sich aber alle paar Sekunden das Haar aus der Stirn oder blickt in ein Fenster, wo sie ihre Silhouette sieht.	*Kokettiert sie nur?*
Sie stehen an einer Straßenecke und unterhalten sich. Sooft Ihr Gesprächspartner einen Vorübergehenden grüßt, lächelt er sehr freundlich. Aber kaum ist er aus dem Gesichtsfeld des Passanten, erstirbt das Lächeln abrupt.	*Ein herzliches Lächeln klingt nach. Es bricht nicht abrupt ab. Ist seine Freundlichkeit auch mir gegenüber nur gespielt?*
Ich berichte meinem Zuhörer etwas. Mit dem Fortschreiten der Erzählung legt er seine Stirne immer mehr in Falten.	*Glaubt er mir überhaupt noch? Oder wird er ungeduldig, weil ich ihn langweile.*
Sie bieten jemandem etwas an: Für den Bruchteil einer Sekunde zieht seine Nasenwurzel eine winzige Falte.	*Mißfällt ihm etwas?*

Sie sehen jemanden mit mürrisch-pessimistischem Gesicht. Als er Sie erblickt, streckt er sich, lächelt und spricht optimistisch von seiner Gegenwart und seiner Zukunft.

Maskiert er nur seine in Wahrheit mißliche Lage?

Ein Mann und eine Frau sitzen sich in einem Restaurant mit einigen Metern Abstand gegenüber. Sie fühlt sich von dem Mann beobachtet, wirft ihm einen kurzen schnippischen Blick zu und schaut dann demonstrativ weg. Aber immer wieder prüft sie, ob er sie noch anschaut.

Ist sie vielleicht doch an dem Mann interessiert?

Bei einer Tanzveranstaltung sitzt ein Mauerblümchen verlassen in der Ecke. Ihren Blicken sieht man an, wie sie sich über einen Tänzer freuen würde. Endlich fordert sie ein gutaussehender Mann auf. Mit betont gelangweiltem Gesicht erhebt sie sich.

»Glaub' ja nicht, daß ich es nötig habe, auf dich zu warten.« Überheblichkeit aus Unsicherheit?

Ein Redner ereifert sich: »Unsere Partei kämpft schon seit zwanzig Jahren ...« Er stockt und schaut auf sein Konzept.

Ein typischer Schönredner. Was einem am Herzen liegt, weiß man auswendig.

Ein Redner geißelt den politischen Gegner lautstark und mit großer Vehemenz. Seine Körperhaltung ist aber die eines Conferenciers.

Sein Engagement ist Maskerade. In Wirklichkeit absolviert er eine rhetorische Pflichtübung.

Mein Gesprächspartner hört mir interessiert zu und ermuntert mich, weiterzusprechen. Aber er trommelt mit den Fingerspitzen auf seine Armlehne und wippt mit der Fußspitze.

Langweile ich ihn? Muß ich mich kürzer fassen oder ganz aufhören?

Ein junger Mensch wird zynisch, wenn sich ihm jemand zuwendet.

Versteckt er seine Verletzbarkeit?

Als nächster Redner ist Ihr Stuhlnachbar dran. Lässig sitzt er da und hört gespannt dem gegenwärtigen Referenten zu. Immer wieder überprüfen seine Hände den Sitz seiner Krawatte und greifen nach dem Konzept in der Innentasche seines Sakkos.

Sollte der Mann doch Lampenfieber haben?

Bei einer Tanzveranstaltung oder an der Bar macht ein Mann den Eindruck, als interessiere er sich nicht für seine Umgebung. Kommt aber eine gutaussehende Frau in seine Nähe, richtet er sich auf.

Will er vielleicht doch signalisieren: Ich bin noch frei?

Ein junges Mädchen scheint sich nicht für junge Männer zu interessieren. Als wieder einmal ein junger Mann zu Gast ist, wirkt sie linkisch, stößt an allen Ecken an und schenkt ihm zunächst viel zuwenig ein und dann soviel, daß sein Glas überläuft.

Ist sie heimlich in den Mann verliebt?

Bei einer Diskussion steckt sich ein Teilnehmer den Zeigefinger wiederholt hinter den Kragenknopf und zerrt am Kragen.

Liegt ihm vielleicht schon buchstäblich die Schlinge um den Hals?

Sie sind zu einer Party eingeladen. Breitbeinig und mit in die Hüften gestemmten Händen empfängt Sie der Hausherr, spricht aber sehr freundlich.

Soll Ihnen gleich gezeigt werden, wer hier der Herr im Haus ist, an dem kein Weg vorbeiführt?

Sie sind bei einem Manager im Büro. So charmant er Sie behandelt, so kurz angebunden ist er zu seinen Mitarbeitern.

Gehört er zu denen, die nach unten treten und nach oben buckeln? Ist sein Charme nur gespielt?

Sie sind bei einem Geschäftsfreund zu Gast. Er ist zu Ihnen sehr freundlich und behandelt seinen Hund liebevoll. Aber zu Frau und Kindern ist er barsch.

Niemand versteht ihn, außer Ihnen und seinem Hund. Braucht er Bewunderer? Fehlt es ihm an familiärer Zärtlichkeit und Anerkennung?

Sie sind bei einem Ehepaar zu Gast, das sich sehr häufig mit »Schatz« und »Liebling« anredet, so wie andere ihre Vornamen verwenden.

Drücken auch Blicke Zärtlichkeit aus? Die Stimme, die Satzmelodie? Wenden sich beide Körper zu? Wenn nicht, ist die Liebe vielleicht nur Fassade!

Frau Meier, erkennbar glücklich verheiratet, erzählt, wie sie ihren Mann kennengelernt hat. Dabei schneidet er ziemlich schlecht ab: ein Casanova.

Aus irgendeinem Grund will sie ihn herabsetzen. Ist er herrisch, eingebildet, untreu? Ist sie eifersüchtig? Will sie vor ihm warnen? Hat Sie Minderwertigkeitsgefühle zu kompensieren?

Er lobt seine Frau in höchsten Tönen, macht sich generell aber über die Unterlegenheit der Frau gegenüber dem Mann lustig.

Schätzt er seine Frau nur als Mutter seiner Kinder, als Köchin oder preiswerte Arbeitskraft?

Ein Mann liebt seine Frau so sehr, daß er ihr praktisch alle ihre Wünsche nach Kleidung oder Schmuck »von den Augen abliest« und erfüllt, ohne sie vorher darüber zu befragen. Er ist geradezu süchtig danach, sie mit Geschenken zu überraschen.	*Will er seine Frau beherrschen und ihr seinen Geschmack aufdiktieren? Ist er ein Verschwender?*
Das Verhältnis zwischen zwei Ehepartnern scheint nicht besonders liebevoll zu sein. Trotzdem erfüllt er ihr jeden Wunsch und beschenkt sie reichlich mit Schmuck.	*Will er sie für etwas entschädigen, etwa für mangelnde sexuelle Erfüllung? Oder will er über den Schmuck seiner Frau seinen Wohlstand demonstrieren?*
Er rühmt sich seiner Feinschmeckerqualitäten, raucht aber zwischen den Gängen.	*Ein echter Feinschmekker nennt so etwas »Barbarei«. Die Kennerschaft ist Maske.*
Auf dem Schreibtisch eines Managers herrscht chaotische Unordnung.	*Wie will er eine Firma in Ordnung halten, wenn ihm dies nicht einmal bei seinem Schreibtisch gelingt?*

Herr X, der uneingeschränkte Herr in seiner Abteilung, ruft in ein und derselben Angelegenheit mehrere Male hintereinander Herrn Y an, um Informationen einzuholen.

Ist er etwas planlos oder zu spontan?

Ein Mann ist gut verheiratet, bekommt aber nach anstrengendem Tag auf dem Nachhauseweg oft Kopfdruck. Am Autofahren kann es nicht liegen. Sein Weg führt nicht durch den Stoßverkehr. Er ist beruflich erfolgreich, sitzt aber auf einem »Schleudersitz«.

Habe ich heute wirklich alles getan, um nicht zu versagen, an- oder abgeschossen zu werden? Wenn ich Kopfschmerzen habe, kann ich mich dem anstrengenden Familienleben entziehen und mir den Kopf weiter über die Firma zerbrechen.

Eine Junggesellin, 45, ein sehr forsche und von ihrer Arbeit erfüllte Architektin mit nur gelegentlichen oberflächlichen Partnerschaften erklärt immer wieder kategorisch: »Ich vermisse nichts.« Gleichzeitig aber klagt sie über Herzschmerzen, für die der Arzt keinen Grund findet.

Vielleicht drückt ihr doch die mangelnde Bindung an einen Partner aufs Herz?

Ein Rechtsanwalt gilt als ruhig und ausgeglichen, als Spaßvogel. Was an ihm gelegentlich auffällt: Er zieht die Unterlippe immer wieder zwischen die Zähne. Zudem leider er an hohem Blutdruck und hat trotz seiner erst dreiundvierzig Jahre stark hervortretende Adern auf den Schläfen.

Er steht häufig unter »Hochdruck«, aber er beherrscht sich und beißt sich auf die Lippen, um nicht mit heftigen Gefühlsausbrüchen herauszuplatzen. Vor Wut schwellen ihm die Adern.

Intelligente, herrische Unternehmerin leitet sehr umsichtig und erfolgreich ihren Betrieb. Manchmal erscheint sie für einen Vor- oder Nachmittag nicht im Büro. Durch Indiskretion erfuhren ihre leitenden Mitarbeiter, daß sie dann an Atembeschwerden leidet. Dabei ist sie eine unermüdliche Tennisspielerin und Schwimmerin.

Es gibt Themen und Umstände, bei denen ihr buchstäblich »die Luft wegbleibt«. In ihrem Fall kann es die Mutter sein, die zwar nicht mitarbeitet, aber großen Einfluß hat. Ihr Verhältnis zur Mutter ist nach außen hin ziemlich gut. Dennoch spricht vieles für einen Aggressionsstau gegenüber der Mutter.

Ein Angestellter in gesicherter Position, ein Mann zum Pferdestehlen und Bäumeausreißen, sehr beliebt und geachtet, seelisch robust, muß »beim Essen aufpassen«, da er sonst Magenbeschwerden bekommt.

Was liegt ihm im Magen? Was stößt ihm sauer auf? Der einzige Mensch, der ihn nicht voll anerkennt, ist seine Frau. Die Ehe ist bei weitem nicht so harmonisch, wie die beiden tun.

Ein Lehrlingsausbilder, anerkannt, ohne disziplinäre Schwierigkeiten, selbstsicher, ein großer Sportler, von heiterer Gemütsart mag eigenartigerweise keine erotischen Witze. Manchmal reibt er sich langsam und wie geistesabwesend den Körper rechts des Gürtelschlosses.

Was ist ihm über die Leber gelaufen? Warum ist ihm die Galle übergelaufen? Er ist sehr eifersüchtig. Erotische Witze erinnern ihn an die mögliche Untreue seiner Frau.

Eine Frau, 35, hübsch, zwei Kinder, hat sexuelle Probleme mit ihrem Mann. Sie ist eine mustergültige Hausfrau, sehr sparsam, chronisch obstipiert, spricht wenig, hört aber aufmerksam zu.

Sie gibt ihrem Mann die Schuld, daß sie anorgastisch ist. Er ist ihr erster Sexualpartner, hat aber selbst eine Anzahl erfolgreicher Verbindungen hinter sich. Kann die Frau nicht aus sich herausgehen? Sich nicht verschenken? Hält sie alles zurück?

Ein Graf mit bekanntem Namen, unentschlossen, übervorsichtig, aber ein »Gentleman der alten Schule« finanziell abhängig von seiner Frau, die ihn anbetet und zu ihm aufschaut, leidet seit Jahren unter chronischem Durchfall.

Das ganze Leben des Grafen war bisher ein Durchfall. Bei den entscheidenden Unternehmungen hat er jedesmal zwei Meter vor dem Klo in die Hose gemacht. Er ist ein beruflicher Versager.

Ein fünfunddreißigjähriger Manager, sportlich, erfolgreich, macht wiederholt Bewegungen mit dem Kopf, die auf Schmerzen in der Halswirbelsäule schließen lassen. Dabei geht er zweimal die Woche in die Sauna und läßt sich massieren.

Fühlt er sich überfordert? Lastet zuviel auf seinen Schultern? Sitzt ihm Angst im Nacken?

Ein Lehrer, 42, »hat's im Kreuz«. Keine Behandlung hilft. Der Arzt findet nichts.

Larvierte Depression? Wer tritt ihm oft ins Kreuz oder in den Hintern? Er ist von seinem Beruf enttäuscht, die Schüler halten ihn zum Narren.

Die sehr weltmännische Abteilungsleiterin einer Großfirma, geschieden, hat einen sehr netten Freund. Sie raucht und trinkt gern und ist ein forscher Typ: So schnell kann ihr niemand imponieren oder etwas vormachen, auch nicht ihr Chef »den sie in die Tasche steckt, ohne daß der etwas merkt«. Aber als eine Kollegin sie im Urlaub in Jugoslawien trifft, ist ihr Rücken stark zerkratzt.

Will sie aus der Haut fahren? Was juckt sie im Leben? Sie kommt seit Jahren mit ihrem Chef nicht zurecht und befürchtet eine Rückstufung.

Eine Sekretärin, 29, beliebt und tüchtig, kollegial, hübsch und sehr gepflegt, leidet unter starkem Achselschweiß. Man riecht sie buchstäblich drei Meter gegen den Wind.

Weint sie durch die Haut? Übersensibel? Überehrgeizig? Seit zehn Jahren hat sie eine unglückliche Verbindung mit einem verheirateten Mann, von dem sie einen Sohn hat.

Eine dreißigjährige Frau, mit einem Kind, hat ihren Mann sehr gern. Aber sie vertraut ihrer Arbeitskollegin an, daß ihr der Geschlechtsverkehr Schmerzen bereite, da sie eine sehr enge, trockene Scheide habe.

Liebt sie ihren Mann wirklich oder nur deshalb, weil er sie trotz ihres unehelichen Kindes geheiratet hat?

Ein fünfzigjähriger, extrem übergewichtiger Junggeselle, kann lachen, daß es seinen Wanst erschüttert und daß sein Doppelkinn bebt. Er zeigt sich stets als »Kavalier«, ist hilfsbereit und friedlich. Was nicht in sein Gesicht paßt, sind die dünnen, aufeinandergepreßten Lippen und die nach unten weisenden Mundwinkel.

Handelt er sich durch Höflichkeit und Überanpassung Sympathien ein, weil er Angst hat, sonst »nicht anzukommen«? Fühlt er sich unbeobachtet, ist sein Gesicht fast schmerzlich verzerrt. Er endete durch Selbstmord nach langjährigen Depressionen.

8
Die nützlichen »sieben Todsünden«

Menschliche Masken – Tarnung für einen heilsamen Widerspruch

Wiederholt war die Rede von menschlichen Strebungen, die uns zu bestimmten Ansichten, Äußerungen und Taten veranlassen. Da wir uns aber als Folge unserer Erziehung zu sozialem Verhalten dieser Motive schämen oder irgendwelche Nachteile befürchten, kämen unsere wahren Gründe ans Licht, setzen wir Masken auf und veranstalten Maskeraden. Über die seelischen Kräfte, die hinter unseren Motiven stecken, gibt es eine Fülle höchst widersprüchlicher Theorien. Hier muß die Feststellung genügen, daß es diesen Konflikt zwischen den menschlichen Strebungen und den gesellschaftlichen Zwängen gibt, der uns zum Maskentragen treibt.

Die Ethiker der griechischen Antike haben ebenso wie die Prediger und Propheten Israels und die Weisen Asiens die Unterdrückung einiger menschlicher Neigungen empfohlen oder geboten, in denen sie die Hauptursachen für Fehlverhalten, Reibereien, Streitigkeiten, Kriege und anderes menschengemachte Unglück erblickten. In unserem Kulturkreis sind diese allzumenschlichen Neigungen bekannt geworden als die »sieben Todsünden« (oder, wie die Spanier so treffend sagen, die *pecados capitales*, die Hauptsünden).

Einige Religionsstifter und Theologen forderten, die den »sieben Todsünden« zugrunde liegenden Strebungen ganz auszumerzen. Aber eine Ethik, die sich gegen die menschliche Natur richtet, ist zum Scheitern verurteilt. Seit Jahrtausenden gelingt der Masse der Gläubigen wenig mehr, als günstigenfalls kurzfristig dagegen anzukämpfen und dann doch zu erliegen. Zum Glück erleichtern Beichte, Reue und Buße dem Sünder den aussichtslosen Kampf.

Wie wenige dann erfolgreicher sind als der Durchschnitt erkennt man an der geringen Zahl von Selig- oder Heiligsprechungen. Der Kampf mit dem sogenannten Bösen erfordert geradezu übermenschliche Kräfte, und das ist auch gut so. Denn ohne die Neigung zu unseren »sieben Todsünden« gäbe es keinen Fortschritt, keine Zivilisation, keine Kultur. Nur unsere Schwäche für das, was die sieben Todsünden verbieten, hat uns zu dem gemacht, was wir heute sind.

Da quält uns zunächst einmal die Versuchung zum *Hochmut.* Aber wieviele Menschen haben sich angestrengt, Außergewöhnliches zu leisten, Erfindungen zu machen, neue Länder zu entdecken, nur um ein kleines »von« oder einen anderen Titel vor den Namen setzen zu dürfen, einen Orden an die Brust, ein Kreuzchen um den Hals zu bekommen! Um vor anderen zu brillieren, vor anderen als besser, sozialer, kulturbeflissener, patriotischer dazustehen, wurden hartgesottene Raubmenschen zu Stiftern, Philantropen, Asketen, Volkstribunen oder Heiligen. Natürlich hätte keiner von diesen allen zugegeben, daß es letztlich nur der Hochmut war, der ihn zu so vielen guten Taten getrieben hat. Ja, zahllose dieser Hochmütigen wären entsetzt gewesen, hätte es zu ihrer Zeit bereits Psychologen gegeben, die das Rüstzeug besessen hätten, die eigentliche Triebfeder ihrer ruhmvollen Taten bloßzulegen. Zu viele Masken und

Maskeraden umgarnten ihr Wesen wie ein Kokon die Schmetterlingspuppe.

Was auch wären wir ohne die zuverlässige Triebfeder *Neid,* die zweite unserer kapitalen Sünden, geworden? Erfindet X ein Medikament, hat Y keine ruhige Minute mehr, bis er es verbessert hat. Der Wunsch, der Klassenbeste zu werden, einen Rekord aufzustellen, tiefer zu philosophieren, gefälliger zu malen, zu schreiben, zu komponieren, stachelt Millionen von Menschen zu Höchstleistungen an, läßt sie bis in die späte Nacht hinein träumen, fiebern, wachen, arbeiten, verwerfen, neu beginnen. Der Neid macht aus Feiglingen Helden, aus Selbstsüchtigen Altruisten, aus Faulenzern Rührige. Natürlich würde keiner von Neid sprechen, um diesen Trieb zu bezeichnen, sondern gefälligere Wörter seiner Sprache wählen, wie Wettstreit, Wetteifer, edles Streben, Leistung, Bedarfsdeckung, Bedürfnisbefriedigung der Massen, Beseitigung von Krankheit und anderem Elend.

Als dritte Versuchung zur Sünde schenkte uns ein Gott oder der Teufel die *Habsucht.* Auf ihr beruht unser materieller Wohlstand. Jeder Arbeitslose lebt heute in Europa besser, sicherer und schmerzfreier als noch vor hundertfünfzig Jahren die Masse der Menschen. Im kapitalistischen wie im sozialistischen System ist jeder Erwerbstätige in irgendeiner Form damit beschäftigt, das Leben seiner Mitmenschen angenehmer zu gestalten. Gehen Sie eine Straße entlang: Ärzte, die auf Patienten warten, um sie zu kurieren; Advokaten, die uns zu unserem Recht verhelfen wollen; Bäckereien, Metzgereien, Delikatessenläden, dazu Geschäfte voll der verschiedensten Waren und darauf bedacht, auch die ausgefallensten Wünsche zu befriedigen.

Das Streben nach Reichtum baute Schienenstränge über Wiesen und Felder, durch endlose Wälder und über Gebirge hinweg. Das Streben nach Gewinn brachte es fertig, tonnenschweren Maschinen das Fliegen beizubringen. Die Goldgier erschloß dem weißen Mann und seiner Zivilisation Peru, Mexiko, Kalifornien, Südafrika und den Norden Kanadas und gab Ländern wie Großbritannien und Holland Macht über zehnmal mehr Eingeborene in den Kolonien als sie selbst Einwohner hatten. Natürlich war auch hier nicht von Habsucht die Rede, sondern von zivilisatorischen Aufgaben, wie Befriedung, Verbreitung des Handels, des Wohlstands und des Christentums. Nur ein Engländer hatte den Mut, es ganz deutlich zu sagen: »Was wertvoll ist auf dieser Erde, ist britisch. Und was nicht britisch ist, ist nicht viel wert.«

Ja, und dann als nächste Todsünde der *Zorn*. Eine schreckliche Versuchung, die dem Menschen die Kontrolle über sich selbst rauben kann, aber auch jene Todsünde, der wir den inneren und äußeren Frieden verdanken. Denn aus Angst vor der Bestie Mensch schufen Gesetzgeber Normen, die aus unserem Zusammenleben Mord und Totschlag weitgehend verbannten, die den Diebstahl ächteten, mit einem Wort: uns ruhig schlafen lassen. Der Schutz des Eigentums gebar Reichtümer, zu deren Verschönerung Schlösser und Theater entstanden, Museen und Parkanlagen, die Tausenden von Künstlern, Handwerkern und Tagelöhnern Arbeit und Verdienst gaben.

Selbst der Versuchung zur Todsünde *Faulheit* vermögen wir noch Lob zu spenden. Der Faule nämlich denkt darüber nach, wie er sich Arbeit ersparen kann und wird damit oft zum menschheitsbeglückenden Erfinder. Der wahrhaft Faule arbeitet, hat er sich erst einmal dazu aufgerafft, zügiger, um das mit der Anstrengung Verbundene Unbehagen so schnell wie nur möglich wieder hinter sich zu bringen. Erst nach harter Arbeit kosten wir die Faulheit aus.

Faulheit ohne Tätigkeit und den Druck der Pflicht wird schnell zu Langeweile und zu Überdruß, der bis zu Depressionen führen kann. Im übrigen schützt die Versuchung zur Faulheit den Menschen davor, sich durch Überanstrengung bei der Erfüllungsnorm seiner anderen Todsünden auf Dauer zu schädigen.

Als Hobbykoch spreche ich mit besonderer Liebe vom Laster der *Völlerei*, das mehr Segen auf diese Erde gebracht hat als sonst eine kapitale Sünde. Es waren die Feinschmecker, die sich den Kopf darüber zerbrachen, wie sie ein Kräutlein, das vielleicht einem Büffel munden mochte, zur Salatstaude, zähe, die Geschmacksnerven beleidigende Wurzeln zum Spargel oder zur gelben Rübe veredeln konnten. Mit sorgsamer Hand züchtete der Magenorientierte magere Rinder und wilde Schweine als Träger delikater Steaks, Medaillons, Kotelettes und Karrees. Wenn überhaupt die Gefahr einer Explosion der Weltbevölkerung noch gebannt werden kann, dann dank jener Pioniere von Messer und Gabel, die nie gerastet haben, mehr und Besseres, mehr Besseres für ihren Gaumen und Magen zu ersinnen oder ersinnen zu lassen. Daß sie schwer, mit viel Molesten und mit oft beträchtlicher Verkürzung ihrer irdischen Schlemmerzeit für den Fortschritt auf dem Gebiet der Völlerei bezahlen mußten, läßt uns den Hut vor ihnen ziehen.

Bleibt als letzte Versuchung jene Sünde, die jahrhundertelang in bestimmten Kreisen die einzige Todsünde überhaupt gewesen zu sein scheint, die *Wollust*. Natürlich gibt es immer wieder einige wenige, die von soviel Hochmut besessen sind, daß sie nur deswegen Kinder zeugen, damit sie sich in deren Gesichtern wiedererblicken wie im Spieglein an der Wand. Aber seien wir ehrlich: Selbst ein solches Unterfangen klappt nicht ohne eine vorherige Portion Wollust.

Die Wollust war die beste Überlebensgarantie gegen die Schläge, die uns Zorn, Kriege, Hungersnöte, Pest, Cholera und weniger dramatische Krankheiten versetzten. Vielleicht war sie für viele Kleriker schon deswegen die schlimmste aller Sünden, weil es ohne sie bald keine Sünder mehr gegeben hätte, die den Versuchungen der anderen sechs Todsünden hätten erliegen können.

Die Wollust verschönert die Frauen, läßt sie nach dem Geist des Mannes streben, veredelt sie, um ihm einmal auch etwas Neues zu bieten. Sie kultivierte die Seidenraupe, damit die Angebetete ihren Galan in hauchfeinem, durchsichtigem Gewand verführen konnte, und sie schuf Bekleidungs- und Dekorationsindustrien von kaum zu übersehenden Ausmaßen. Und die Wollust unterhält heute wenigstens zum Teil auch unsere dominierenden Produktionsstätten, nämlich die Automobilfabriken, denn welcher Mann denkt beim Kauf seines Fahrzeugs nicht daran, wie es auf seine Geliebte, seine Frau oder die große Unbekannte wirken wird.

Wollust ließ aus halben Analphabeten Poeten, aus heiseren Krächzern Sänger, aus linkischen Tolpatschen Musikanten werden.

Und wieder einmal verbirgt sich die Versuchung zu einer Todsünde hinter schöneren Worten, in diesem Fall hinter der Floskel von der Liebe. Natürlich gibt es die völlig unsexuelle Liebe der Eltern zu ihren Kindern, der Kinder zu ihren Eltern. Aber diese Art von Liebe hat die Welt noch nie bewegt. Sie ist ein Kunstprodukt der Zivilisation, dem die ungestüme Macht der Natur fehlt. Mit unwiderstehlicher Kraft treibt die Wollust den Mann zur Frau, die Frau zum Mann, und haben sie sich dann gefunden, vereinigen sie sich . . .

Vielleicht sorgt auch die Angst vor der Realität der Paarungsszene, also die Todsünde Hochmut, dafür, daß wir unsere erotisch-sexuellen Gelüste unter so vielen Masken und Maskeraden verstecken.

Vielleicht ist es aber auch die Mahnung eines atavistischen Bewußtseins, daß wir nie verwundbarer sind, als wenn wir uns, hormonell gesteuert, bedingungslos der Wollust ausliefern.

Die Natur hat uns gewollt, wie wir sind. Auch wer an die Stelle des Wortes »Natur« das Wort »Gott« setzt, wird dies anerkennen. Gewollt ist auch die Versuchung durch die »sieben Todsünden«, dieser mächtige Motor jeglicher zivilisatorischen Entwicklung. Könnten wir immer und überall der Versuchung zu den menschlichen Kapitalsünden nachgeben, wäre Chaos die Folge. Um den angeborenen und in gewisser Hinsicht auch so nützlichen Hang zu unseren oft gemeingefährlichen Neigungen zu entschärfen, lieferte uns die Instanz, die uns erschaffen hat und die unsere Evolution ermöglichte, auch das Talent zur Mimikry mit, die Fähigkeit zur Verstellung und Anpassung, zum Rollenverhalten und somit zu Masken und Maskeraden der Menschen.

Wie ich Ihnen schon sagte: Ein Leben ohne Masken wäre ebenso archaisch wie rabiat – eine unzivilisierte, langweilige Utopie. Lernen Sie also, mit den Masken der Menschen zu leben, lernen Sie die *Masken* zu durchschauen! Sie werden dem *Menschen* begegnen – und *sich selbst.*